Cría de ganado vacuno

Una guía esencial para criar vacas, terneros, toros, novillos y novillas en su patio trasero o en una pequeña granja

Tabla de contenidos

Introducción

A los estadounidenses les encanta la carne de res, tanto que consumen 25.000 millones de libras cada año. Pero hay algo mucho más interesante y satisfactorio que comer el filete medio-hecho más jugoso un viernes por la noche, y es criar su propia carne de res.

La satisfacción de saber que la carne que come se obtiene del ganado criado en un ambiente seguro, saludable y libre de crueldad es la mejor experiencia. Probablemente esté de acuerdo, y por eso tiene este libro en tus manos.

En las páginas siguientes, obtendrá un profundo conocimiento sobre temas que van desde la selección de razas hasta la psicología ganadera, pasando por la vivienda, la nutrición, la reproducción y el parto. Este libro también incluye consejos inteligentes para su negocio de ganado vacuno y así asegurarse de que su nueva empresa es tan gratificante financieramente como personalmente.

¿Está listo para dar un salto en su nueva aventura? ¡A continuación, pase la página y vamos a empezar!

Capítulo 1: Los 6 beneficios de criar ganado vacuno

¿Sabía que cada 14 de julio es el Día de Apreciación de las Vacas? No, no es una fiesta nacional, pero *Chick-fil-A* lanzó este evento en 2004 como una manera de hacer que la gente piense en las vacas que tanto nos proporcionan.

En el Día de la Apreciación de las Vacas, se anima a la gente a abrazar vacas, agradecer a los productores de leche en persona, o comprar leche y productos lácteos de fabricación local. Ciertas sucursales *Chick-fil-A* también ofrecen una comida gratis en este día a cualquier cliente que entra en su restaurante vestido como una vaca. Divertido, ¿verdad? Y es lo menos que podemos hacer teniendo en cuenta lo mucho que las vacas hacen por nosotros, a menudo a costa de sus vidas.

Más del 98% de un animal de carne de res se utilizará cuando se procese. Carne de res, queso, leche, helado y yogur son deliciosos consumibles que vienen a la mente cuando pensamos en vacas (o ganado más correctamente. No todos los animales que parecen vacas son vacas. Pero más sobre eso hablaremos más tarde). Del ganado, recibimos unos 12.000 millones de kilos de carne de res al año. ¡Eso es enorme!

Pero hay mucho más que el ganado hace por nosotros. Alrededor del 45% del cuerpo de una vaca se utiliza como carne y las otras partes entran en la producción de pegamento, cuero, jabón, gelatinas, productos farmacéuticos, porcelana e incluso insulina. Imagínese esto: un animal bovino proporciona suficiente piel para hacer alrededor de 144 pelotas de béisbol, o 20 balones de fútbol o 12 de baloncesto.

El ganado también es un reciclador maravilloso, ya que se alimenta de muchos de los productos manufacturados como patatas fritas, dulces y cerveza. Ni siquiera hemos mencionado los increíbles beneficios que su estiércol proporciona. ¡Un bovino puede producir hasta 36 kilos de estiércol todos los días! Eso es más estiércol de lo que incluso los científicos o agricultores saben qué hacer.

Hay muchos beneficios que disfrutamos de la cría de ganado, por lo que es difícil pensar en ellos más allá de todas las maneras en que son útiles para nosotros como seres humanos. Pero por sí solos, el ganado son animales fascinantes que vale la pena mirar de cerca. Estos son solo algunos hechos divertidos para hacerte ver el ganado un poco diferente.

Una docena de cosas que no sabías sobre vacas/ganado

1. El ganado tiene una visión de casi 360 grados

Esto significa que es prácticamente imposible escabullirse de ellos. Además de su visión panorámica, nunca desconectan. ¡Estos animales son enormes! Pesan alrededor de 680 kilos equilibrados en cuatro patas. ¿Cuáles son las probabilidades? Ver a alguien tratar de tropezar con una vaca durmiente podría ser gracioso si no fuera tan peligroso.

2. La palabra "ganado" tiene sus raíces en la palabra "chattel"

Sí, el mismo término anglo-francés que significa "propiedad personal". En su día, el ganado se consideraba propiedad valiosa y la riqueza de una persona se medía con ella.

3. Cada vaca es hembra

Cada vaca es una chica o más correctamente, una hembra que ha dado a luz a un becerro. Las que no han dado a luz se llaman novillas. Los machos, por otro lado, se llaman toros. Si son castrados por lo que ya no pueden reproducirse y son criados solo para carne de res, se llaman novillos.

También están los llamados terneros. Estos se crían específicamente para alcanzar un peso máximo de alrededor de 500 libras.

Otros nombres utilizados para diferenciar a los miembros de una manada incluyen:

Ciervo: Un ciervo es como un novillo, excepto que también se utilizan para detectar vaquillas y vacas en celo.

Buey: Estos se plantean específicamente para hacer el trabajo de duro, como la extracción de maquinaria agrícola y de viaje, vagones, arados o carros.

Los bueyes son en su mayoría bovinos machos castrados, pero también a veces pueden ser toros o incluso ganado femenino.

Freemartin: Freemartins son novillas infértiles. La infertilidad en las vaquillas suele ser el resultado de compartir el útero con un ternero toro. Los niveles de testosterona producidos por el ternero toro en el útero afectan la producción de estrógeno en el ternero hembra.

Las freemartins puede nacer de una de dos maneras. Pueden tener órganos reproductivos subdesarrollados, o pueden tener partes masculinas y femeninas (también se pueden llamar hermafroditas).

Las freemartins hermafroditas generalmente desarrollarán características masculinas secundarias a medida que maduran, como una frente ancha o una cresta muscular alrededor de su cuello.

Ganado: Un término plural utilizado cuando hay más de un bovino, especialmente cuando los géneros son mixtos o inciertos.

4. Las vacas no siempre son blancas y negras

Los toros tampoco siempre están sólidamente coloreados. Con el ganado, el color se determina por raza y no por sexo. El ganado puede ser de muchos colores y estos son variados por diferentes razas. Puedes encontrar ganado marrón, amarillo, blanco, negro, rojo, gris e incluso naranja. También pueden tener una variación de estos colores (la mayoría de las veces se mezclan con blanco) como manchado, puntiagudo, irregular, a rayas dorsales, de cara blanca o de cola blanca.

Generalmente...

Friesianos, holstein-friesianos y las pura raza holsteins, machos y hembras, siempre son blancos y negros.

Las vacas lecheras como jersey, guernsey y la vaca suiza marrón suelen ser de color rojo sólido o marrón sólido.

Las vacas de ternera como las razas limousin, gelbvieh, brangus roja, angus roja, simmental y santa gertrudis también suelen ser rojas o marrones.

El ganado azul belga, sin embargo, no es realmente azul. Son más azulados que azules. Solo aparecen de color azul ahumado debido a la forma en que se mezclan los pelos blancos y negros en su pelaje.

5. Ambos sexos de ganado pueden tener cuernos o no

Por lo tanto, no es una gran idea confiar en la presencia o ausencia de cuernos para determinar el género de bovino. Para contar el sexo de un bovino con precisión, mira detrás de las extremidades traseras del animal para ver si hay un escroto o una ubre.

6. Los toros no pueden ver el rojo

Al igual que sus otros hermanos bovinos y hermanas, los toros no ven el color rojo o el verde. Entonces, ¿por qué cargan contra el matador? Resulta que todo aleteo en la brisa que los agita, lo cual es comprensible, ¿verdad?

Así que, incluso si el matador usara una bandera índigo, el toro seguiría cargando. Pero, ¿por qué han seguido usando banderas rojas? Bueno, no es ignorancia. En realidad, es una razón más "siniestra", se usa para ocultar la sangre del toro.

7. Las vacas que tienen nombre producen más leche que las que no tienen

Esto sugiere que cuanto más extrovertido emocionalmente un agricultor es en su relación con sus vacas, más leche producen las vacas. Una buena relación con los seres humanos significa que las vacas están menos estresadas cuando se ordeñan, lo que significa más leche para el agricultor. ¡Una vaca llamada por su nombre producirá casi 236 litros más de leche en un año!

Pero si la vaca se siente nerviosa alrededor de su humano, se estresa, y su cuerpo produce cortisol. Esta hormona inhibe la producción de leche, lo que significa menos leche. Pero aún más importante, una vaca querida feliz es menos propensa a lastimar a su humano cuando está siendo ordeñada.

8. Las vacas son muy sociales e incluso tienen mejores amigos

Es difícil encontrar vacas solas excepto cuando están enfermas o a punto de dar a luz. Separar una vaca de sus mejores amigos podría hacer que se estrese. El cuerpo secreta más cortisol (la hormona del estrés), y la frecuencia cardíaca sube cuando los pones con bovinos aleatorios en lugar de sus parejas preferidas.

9. Las vacas pueden nadar

Las vacas son excelentes nadadoras, lo crean o no. Después del huracán Dorian, tres vacas fueron encontradas en la costa nacional de Cape Lookout. Se creía que habían nadado desde la isla Cedar, donde vivían antes de que el huracán devastara su hogar.

Nadar entre 6 o 7 kilómetros puede parecer asombroso, pero los agricultores experimentados no encontrarán esta información sorprendente.

10. La gestación subrogada ocurre entre las vacas

Hay cosas como vacas sustitutas. La gestación subrogada es cada vez más común en estos días, especialmente con las vacas lecheras. El proceso consiste en mover embriones de vacas genéticamente superiores a otras vacas inferiores.

Naturalmente, las vacas producen solo un embrión a la vez, pero cuando la gestación subrogada es el plan, la vaca se inyecta con una hormona que desencadena la producción de muchos óvulos, que luego son fertilizados.

Los óvulos fertilizados (embriones) pueden llegar hasta los 80 o incluso 90 pero, al final, solo unos 6 o 7 terminan siendo utilizables.

El veterinario elimina los embriones de la vaca, empleando un proceso llamado embrión enrojecido. Estos embriones pueden ser transferidos a las vacas sustitutas menos superiores para que sus crías sean de mejor calidad genética en comparación con lo que podrían haber producido por sí solas.

La gestación subrogada entre las vacas es una innovación genial, y no solo porque llegas a "crear" tus vacas preferidas, deseables y genéticamente superiores. A través de la gestación subrogada, los agricultores de otros países con recursos inadecuados para satisfacer las demandas de las vacas lecheras pueden mejorar su propia reserva genética bovina, produciendo vacas de calidad.

Los aurochs son los antepasados más antiguos del ganado

Los aurochs eran enormes bestias salvajes originalmente ubicadas en el subcontinente indio antes de extenderse a China, Oriente Medio, el norte de África y luego Europa. Después de un tiempo, hace unos 8.000 a 10.000 años, la gente comenzó a domesticarlos.

En 1493, Colón introdujo estos aurochs domesticados en el hemisferio occidental. Más tarde, en 1519, Hernán Cortés, un explorador español, llevó la descendencia de estas reses a México. En 1773, Juan Bautista de Anza suministró las primeras misiones de

California con 200 cabezas de ganado. Y así fue como el ganado evolucionó y se extendió por todo el mundo.

El ganado se cría y cría a nivel mundial, en entornos y climas muy variados. Esto es posible porque las vacas pueden sobrevivir e incluso prosperar comiendo solo hierbas y piensos de baja calidad. Para la mayoría del ganado, el pastoreo sería en terrenos empinados, montañosos, rocosos o secos, inadecuados para cultivar cultivos o construir casas.

11. El ganado tiene 32 dientes en total, pero no tiene dientes frontales superiores

Entonces, ¿cómo cortan la hierba? Bueno, para cortar hierba, unen sus dientes delanteros inferiores al paladar superior duro. Después de hacer el corte, luego mastican su comida aproximadamente 50 veces en 60 segundos. ¡Esto significa que mueven sus mandíbulas cerca de 40.000 veces al día!

Es de conocimiento común que el ganado tiene estómagos de cuatro compartimentos, el rumen es el estómago principal. El rumen es la parte del estómago que sostiene la comida parcialmente digerida llamada bolo alimenticio. A partir de esta parte de la anatomía el bolo alimenticio vuelve a la boca del ganado cuando se regurgita.

El rumen puede contener unos 189 litros de alimentos parcialmente digeridos. Si quiere sentirse pequeño, el estómago humano solo puede contener 1 cuarto de alimento, que es solo alrededor de ¡un cuarto de litro!

Un bovino normalmente pasa un tercio de su día comiendo, consumiendo alrededor de 18 kilos de comida y alrededor de 113 a 189 litros de agua cada día. Naturalmente, el ganado transmite grandes cantidades de estiércol y orina diariamente. Se estima que el ganado produce alrededor de 27 kilos de estiércol y aproximadamente 113 galones de orina cada día. En un año, significa ¡más de 10 toneladas de estiércol!

Esto hace un excelente punto para seguir con la siguiente parte de este capítulo. Veamos todas las razones por las que debería criar su propio ganado vacuno.

6 razones por las que debe considerar el cultivo de su propio ganado vacuno

1. Criar su propio ganado de carne de res puede ayudar a mejorar su tierra

Cuando se hace correctamente, el pastoreo de su ganado puede ayudar a mejorar la calidad de su tierra. Así es como funciona.

Las plantas necesitan hojas para fotosintetizar. Cuando lo hacen, liberan azúcares en el suelo, que los microbios del suelo luego utilizan para descomponer los nutrientes del suelo, haciendo que estos nutrientes estén disponibles para que las plantas los usen. Pastando en la hierba, el ganado rompe el suelo y elimina el viejo follaje para que las hierbas tengan espacio para germinar y fotosintetizar.

Además, mediante la colocación indirecta de residuos vegetales en la parte superior del suelo, el ganado ayuda a maximizar el ciclo de vida de los minerales del suelo. A medida que los desechos composta, hace posible que estos nutrientes circulen correctamente y entren en los nódulos radiculares de las plantas.

Además, no olvide su orina y estiércol, que suministran nitrógeno, microorganismos adicionales y hierba más parcialmente descompuesta al suelo. Gracias a este fertilizante natural, su suelo se infiltrará y mantendrá el agua mejor para futuras plantas. Esto significa que su tierra será menos vulnerable a la sequía.

Otra cosa muy importante que hace su ganado de pastoreo, ya que mejoran su tierra es secuestrar carbono atmosférico en grandes cantidades. Esto crea un ecosistema más seguro para todos nosotros.

2. Usted tiene acceso a carne saludable

De una sola vaca, puede obtener más de 227 kilos de carne de res. Incluso si come eso en un año, todavía puede comer 1.3 libras de carne de res cada día, y eso es una gran cantidad. Matar a una vaca para obtener tanta carne de res es mucho más eficiente, más humano, que matar el número requerido de pollos que se necesitaría para obtener la misma carne.

Además, criando su propio ganado vacuno, usted tiene acceso a las partes más opciones y saludables. Está el hígado, por ejemplo, que es el alimento más nutritivo que puedes encontrar. Usted debe comer alrededor de 28 a 85 gramos de hígado por semana, al menos. Otras partes como vástagos, falda y rabo de buey, cuando se convierten en caldos óseos, también son supersaludables para usted, ya que proporcionan nutrientes especiales que no se pueden obtener de otras fuentes.

Además, la carne de res del ganado alimentado con pasto es más rica en ácidos grasos saludables, que son importantes para la inmunidad adecuada, el corazón y la función cerebral. La investigación muestra que la proporción de grasa que se encuentra en la carne de res alimentada con pasto es muy similar a la proporción que se encuentra en la dieta humana ancestral.

El ganado criado en pastos también contiene los niveles más altos de ácido linoleico conjugado, que se ha sabido que tiene propiedades contra el cáncer. Y en comparación con el ganado vacuno alimentado con granos, suministran 7 veces más betacaroteno, 2 veces más vitamina B2 y tres veces más vitamina B1.

3. Obtiene cultivos más nutritivos

En los últimos años, la densidad de nutrientes en los cultivos vegetales en Estados Unidos ha experimentado una disminución constante. A partir de ahora, la densidad de nutrientes en los cultivos ha disminuido hasta en un 40% porque el ganado ya no se encuentra en nuestras tierras de cultivo.

Retirar el ganado de la tierra significa que ya no obtiene los beneficios explicados en el primer punto. Por lo tanto, habría una disminución en los nutrientes del suelo disponibles para las plantas, lo que, a su vez, afectará la calidad de los cultivos que cosecha.

4. Es una corriente de ingresos floreciente

La carne de ganado criada en pastos aún no es convencional ni siquiera popular. De los 30 millones de reses que vemos en el mercado anualmente, solo el 1% son alimentados con pasto. Pero, según todos los indicios, el mercado de la carne de vacuno alimentada con pasto está creciendo, a medida que los consumidores son cada vez más conscientes de los beneficios positivos. Además, la carne de res alimentada con hierba sabe sublime cuando la gente usa los mejores métodos para producirlas, y la demanda de estos manjares sabrosos está en aumento.

Para criar correctamente su ganado, es importante alimentarlos en los campos o en el campo de alimentación con piensos de alta energía. Esta es la única manera de hacerlos gordos y deliciosos. Alimentarlos con exuberantes y deliciosos pastos verdes ricos en proteínas afectará el sabor de su carne de res. Puede parecer contraintuitivo, pero es la forma en que funciona. Los piensos con carbohidratos de alta energía son mucho mejores para preparar ganado para su procesamiento que los piensos ricos en proteínas.

Las proteínas altas le darán a su ganado marcos más fuertes y un mejor rendimiento, pero la grasa deliciosa que le da a la carne de res su gran sabor, ese es el trabajo de las dietas de carbohidratos. Esta es la clave para producir el tipo de carne de res "mejor saboreada" de carne de res alimentada con hierba.

5. El pastoreo cuidadosamente planificado aumenta la biodiversidad

Si el ganado se pasta adecuadamente, su actividad de pastoreo puede aumentar la biodiversidad de los pastos en los que se alimentan. Esto mejora el ecosistema para millones de otras criaturas que se encuentran en ese bioma.

6. Es un proyecto divertido y educativo para toda la familia

La crianza del ganado implica actividades que pueden ser llevadas a cabo por diferentes miembros de la familia de diferentes edades y niveles de habilidad. Criar ganado en familia puede fomentar la unión familiar. Y luego está toda la diversión de viajar por todo el país exhibiendo a sus animales en espectáculos de ganado.

Pero mostrar vacas no es la única manera de criar ganado puede ser genial para su familia. La aventura de criar ganado por sí sola es gratificante. Todo el mundo puede aprender fiabilidad y desarrollar una gran ética de trabajo.

El ganado está demandando animales, requiriendo cuidado todos los días bajo el sol y bajo la lluvia. Juntos, su familia puede resolver las torceduras de cuidarlos elaborando presupuestos, tomando decisiones de compra, asignando responsabilidades y administrando dinero y otros recursos.

Es inevitable que hacer todas estas cosas juntos como familia los acerque a todos y aumente su amor y aprecio por otras criaturas vivientes con las que comparten este planeta.

Capítulo 2: Razas y selección de ganado vacuno

El ganado vacuno se cría específicamente para su carne debido a la eficiencia con la que convierten los piensos en carne. Al alimentarse, absorben la cantidad mínima de nutrientes que necesitan para llevar a cabo funciones fisiológicas básicas. Después de eso, comienzan a aumentar de peso, que es sobre todo músculo y no grasa o hueso. Gracias a esta predisposición genética, un ternero recién nacido de 40 kilos solo necesita tan solo 12 a 13 meses para lograr el tamaño de la carnicería.

Las vacas de ternera producen leche, pero no en grandes cantidades. Producen lo suficiente como para mantenerlos en forma física de punta a medida que crían sus crías jóvenes.

Dicho esto, la eficiencia en el crecimiento no es la única razón por la que se crían. Hay otras cualidades importantes para las que se crían tales rebaños. Estos atributos incluyen superioridad reproductiva, eficiencia en la alimentación y dureza, que son rasgos críticos a la hora de criar y criar lo mejor con un cuidado y mantenimiento mínimos.

Genética aparte, también son identificables por su apariencia. Las manadas de buena calidad se ven rectangulares con pechos anchos, hombros anchos, un grosor a lo largo de la parte superior de sus espaldas, y estómagos y costillas redondos y llenos. Las buenas manadas de carne nunca son huesudas o delgadas. Siempre se ven regordetes y robustos, pero estos animales suelen costar más que los más delgados. Así que recuerde esto cuando compre.

Cuando se trata de color, casi siempre vienen en colores sólidos. Esto puede variar de negro sólido a blanco a gris a rojo. Es raro que sean vistos, aunque existan. Sin embargo, debido a que más compradores prefieren el negro sólido, incluso prefiriendo pagar un precio premium por ellos, el ganado manchado se está volviendo raro.

El primer paso en cualquier empresa es seleccionar una raza. Hemos hablado un poco sobre la raza en general, pero estos tipos vienen en muchas razas. Elegir el correcto que coincida con sus objetivos y objetivos como agricultor es fundamental para disfrutar de una experiencia de cultivo de rebaños más rentable.

Ahora, preste mucha atención porque, en este capítulo, obtendrá puntos clave para elegir la mejor raza para sus necesidades. Pero, antes de eso, veamos la carne de res más común en los Estados Unidos.

Las 9 razas de ganado vacuno más comunes en los Estados Unidos

1. Angus negra

La angus negra es la raza más popular de América. Actualmente hay más de 330.000 de estos animales registrados, y la razón de su popularidad es el valor de su carne. Es conocido que la carne de la angus negra es muy sabrosa. No necesitan un alto nivel de mantenimiento, especialmente durante la temporada de partos. Son muy eficientes con la alimentación y son excelentes madres también.

2. Charolais

Hay muchos que creen que la introducción de las charolais revolucionó la industria de la carne de vacuno de América del Norte. Antes de que se introdujera la raza, los agricultores estadounidenses estaban en busca de ganado más pesado y enmarcado, algo que no estaban consiguiendo con las razas británicas tradicionales. Pero con la introducción de las charolais, ese problema se resolvió inmediatamente.

Los charolais suelen ser blancos cremosos o blancos. En el verano, su cabello es corto, y a medida que el clima se enfría, el cabello se espesa para protegerlos.

3. Hereford

Las herefords son deseadas por su capacidad de engorde y maduración temprana. Por lo general son de color amarillo rojizo a rojo oscuro y tienen una cara blanca. También son bastante dóciles, y las hembras son grandes madres, buenas para ordeñar, y por lo general viven más tiempo.

4. Simmental

Las simmentales son una raza antigua, ampliamente distribuida por todo el mundo. Por lo general son blancos y rojos. Entraron por primera vez en los Estados Unidos en el siglo XIX y han sido parte de la comunidad de carne de vacuno estadounidense desde entonces.

Las simmentales tienen una impresionante capacidad para aumentar de peso.

5. Angus roja

La angus roja es una raza menos popular que su prima, la angus negra, pero ambas razas comparten las mismas características favorables, como su sabor fantástico. Estos ganados son madres dóciles y excelentes, y pueden tolerar climas más calurosos mejor que las otras razas acostumbradas a las condiciones de las Tierras Altas en Europa.

6. Texas longhorns

Las Texas longhorns (cuernos largos) son blancas y rojas con cuernos típicamente largos. Tienen una gran capacidad de parto y vigor híbrido cuando se cruzan con otras variedades.

La carne de res Texas longhorns es una carne de gran selección porque es magra y baja en grasa, colesterol y calorías en comparación con otros tipos.

7. Gelbvieh

La gelbvieh es europea, pero se introdujo en los Estados Unidos a través de la inseminación artificial. La raza es típicamente roja y con cuernos, aunque hay variedades sondeadas que surgieron de cruzar con ganado femenino sin cuernos.

Muchos de los mejores atributos de la raza incluyen su gran fertilidad, facilidad de parto, buena capacidad de maternidad e impresionante tasa de crecimiento para los terneros.

8. Limousin

Las limusin son de color rojo dorado y se encuentran principalmente en el centro-sur de Francia, Marche y Limousin, para ser precisos. La carne de esta raza es de primera categoría, por lo que es otra carne popular en la industria.

9. Tierras altas

Las tierras altas son conocidas por su doble abrigo y cuernos largos. Estos rebaños son superfáciles de mantener, ya que a menudo pasan con el mínimo en términos de alimento, refugio y similares. Lo hacen muy bien en climas más fríos y se encuentran prosperando en Alaska y los países escandinavos. También tienen éxito en climas del sur como Georgia y Texas.

Esta raza es prácticamente inmune a infecciones oculares y enfermedades como el cáncer de ojo rosa, gracias a los anteojos y pestañas largas que los protegen.

La carne de res del ganado de las tierras altas es rica en sabor y con poca grasa residual.

Selección de ganado vacuno

Seleccionar el ganado correcto para obtener beneficio dependerá de sus objetivos personales. Muchas personas prefieren criarlos para pastar sus pastos. Otros quieren vender terneros alimentadores o criarlos para mostrarlos. La razón más popular para mantenerlos es obtener carne de res de calidad ya sea para comer o para la venta. Por lo tanto, primero debe aclarar sus aspiraciones de ganadería antes de decidir qué raza seleccionar.

Una vez que haya hecho eso, los siguientes son algunos factores que desea considerar al seleccionar una raza.

1. Disponibilidad local

Será mucho más fácil para usted si usted consigue ganado común a su configuración regional, excepto cuando su corazón se inclina por un tipo particular. Por lo tanto, compruebe en las granjas vecinas en sus alrededores y descubrir las razas que crían al hacer su selección. Hay varias ventajas.

En primer lugar, si va por aquellas que son populares en su región, tendría un grupo más grande para seleccionar, lo que le da más opciones. Además, no tendrá que gastar mucho dinero trasladándolos de una parte del país a la otra. Teniendo en cuenta el tamaño de estos animales, los costos de transporte pueden ser grandes.

Además, debido a que son "nativos" de su región, no tendrá que someterlos a las dificultades de adaptarse a un nuevo clima y nueva alimentación. Comprar un producto similar al de sus vecinos significa que comienza su empresa con un historial de éxito ya probado.

2. Color del cabello

El color del cabello varía ampliamente, como discutimos anteriormente, pero siguiendo las tendencias actuales, el ganado de color sólido se vende a precios mucho mayores que las variedades manchadas. Si bien el ganado de color sólido es el más caro, son más comunes en esta industria debido a una mayor demanda. Al igual que con la moda humana, el negro esconde defectos como la falta de músculo o grasa y le da al bovino un aspecto más halagador, de ahí su conveniencia.

El color uniforme es más atractivo para los compradores potenciales. Muchos creen que una manada uniforme crece, se alimenta y alcanza el tamaño de la carnicería al mismo ritmo, aunque esto no siempre es cierto. Sea cual sea el caso, lograr un aspecto uniforme es probablemente una buena idea si planeas vender, y mucho más fácilmente lograr si todo su ganado es de un color oscuro sólido.

Pero hay una pequeña trampa. El ganado negro no se mantiene fresco tan fácilmente como el ganado de color más claro. Por lo tanto, ofrecer un montón de agua y sombra adecuada para ellos.

Cuernos

Generalmente, criar a aquellas sin cuernos es a menudo más fácil que a las que los tienen. Está el factor de peligro: ¡pueden ser agudos y duros! A continuación, también debe tener en cuenta todo el espacio que requieren, tanto durante el transporte como en el búnker de alimentación.

Por estas razones, el ganado con cuernos se vende por un precio considerablemente más bajo que sus contrapartes (ganado sondeado). Pero especialmente si usted está trabajando con espacio limitado —tal vez solo su patio trasero— es posible que tenga que gastar dinero adicional y elegir las variedades sin cuernos.

Ahora, recuerde que una vez descornadas, son diferentes como ganado sin cuernos. Se consideran bovinos que han físicamente mutilados. Si no quiere descendencia con cuernos, entonces no debería conseguir ganado descornado, ya que todavía tienen los genes para producir terneros con cuernos y pueden transmitir este rasgo. El ganado sondeado, por otro lado, son bovinos nacidos sin cuernos. Estos no tienen esta genética, y no los transmitirán a su descendencia.

Razas como la angus, polled hereford, y polled de cuerno corto son siempre sondeadas, pero, para otras variedades, el descorne, si bien es posible, debe evitarse utilizando la reproducción selectiva.

Ahora, ya que estamos aquí, es importante hablar de los peligros del descorne. El descorne causa un alto nivel de estrés al animal, además de las posibles complicaciones. Una forma mucho mejor y más segura de eliminar los cuernos sigue siendo a través de la cría selectiva.

3. Características de la raza

Después de haber mirado todos los demás factores como cuernos, color de pelo y disponibilidad local, es hora de comprobar las características del ganado. Su conocimiento de estas características y cómo se ven afectadas por los cambios ambientales puede ser útil para determinar las mejores razas que desea criar en su situación.

Las siguientes son las cualidades importantes a tener en cuenta cuidadosamente:

El cadáver: El cadáver de un animal incluye todo lo que queda después de que se hayan extraído los órganos ocultos, de la cabeza y de los órganos internos. Por lo general consiste en grasa, hueso y músculo.

El mérito del cadáver se refiere a una evaluación del rendimiento (también conocida como carne magra) y su calidad de alimentación. Esto determina el precio ofrecido para la carne de res. Cuanto mayor sea el valor, más altos son los precios que se ofrecen y más clientes satisfechos tendrá.

Elija aquellos que se identifiquen por su carne magra. A nadie le gusta drenar la grasa de la carne. Además, es muy importante buscar su calidad de alimentación y ternura.

Tamaño del cuerpo: Específicamente, esto se refiere al tamaño del cuerpo adulto. Los progenitores grandes tendrán terneros grandes, lo que generalmente significa que habrá dificultades en el parto la mayor parte de las veces. Pero el ganado grande significa también que obtiene terneros pesados, lo que puede ser genial si planea venderlos por peso.

Pero recuerde que con un tamaño grande viene una responsabilidad aún mayor. ¡Estos tipos sí comen! Si vive en un clima árido con poca hierba, no es una buena idea conseguir ganado grande si está trabajando con un pequeño espacio.

Capacidad de ordeñar: Se refiere a la cantidad de leche que una vaca puede producir para alimentar a su cría. Cuanta más leche, más pesan sus terneros, pero las vacas a las que se ordeñan más prolongadamente son a menudo más delgadas porque dirigen todas sus calorías a hacer crecer a su cría. Por lo tanto, estas vacas tardan más en reproducirse.

Si tiene una vaca ordeñadora pesada, la calidad y cantidad de alimento que le da a su vaca realmente importa. A estas vacas no les va bien un pasto escaso.

Tasa de crecimiento: Una medida de cuánto puede crecer un bovino durante un período, así como la cantidad de alimento necesario para que gane medio kilo de peso. Esta tasa se expresa utilizando la unidad, ADG, que significa "ganancia diaria promedio".

Para calcular la ganancia diaria promedio de un animal de ganado, simplemente divida los kilos ganados durante un período por el número de días. Un ADG de 3 o más se considera alto.

El ganado con un ADG alto, naturalmente necesita piensos de alta calidad y energía para alcanzar su máximo potencial de crecimiento.

Adaptabilidad: Se refiere a cómo prospera la raza en condiciones ambientales difíciles como piensos dispersos, o clima extremo, o en presencia de insectos.

Aunque este factor se ha mencionado como último, es importante porque ¿cuál es el punto de tener un ternero fantástico con un alto ADG que muere porque no puede hacer frente a los desafíos del medio ambiente?

Pura raza vs Cruzadas

Los pura sangre son progenitores de la misma cepa, mientras que una raza cruzada tendrá a cada progenitor de razas diferentes o desconocidas. Ambos tienen sus fortalezas y debilidades. Echemos un vistazo a cada uno en detalle.

Pura razas

Con los pura sangre, usted puede ser parte de una asociación de razas reconocidas como la Asociación Americana Angus, por ejemplo. El beneficio de ser parte de estas organizaciones es que promueven y ayudan a criar su raza proporcionando la educación adecuada y apoyando su esfuerzo en marketing.

Si se va a dedicar a la crianza y venta de su material reproductivo, entonces los pura sangre son su mejor apuesta. Usted puede vender cruces también, pero todavía necesitaría sus puras razas para servir como las líneas de cría de la fundación. Además, espectáculos, ferias y concursos están más abiertos a pura raza que a otros.

Bajo el ángulo de marketing, es un espacio más amplio para los pura sangre. Por ejemplo, solo puede encontrar marcas comerciales registradas (como Ternera Angus Certificada, por ejemplo) que solo se aplica para los pura sangre y no para animales de raza cruzada.

Ahora, si usted opta por ganado de pura raza, debe estar al tanto de toda la información relacionada con el papeleo. Tiene que hacer esto porque es la única manera de registrar a sus animales.

Los documentos de registro contienen información sobre el animal, incluida su paternidad, y el rendimiento de reproducción esperado. Sin registro, su ganado no será elegible para espectáculos, pero cuando sus animales estén debidamente registrados, se le ofrecerán precios más elevados por ellos, ya que tener un animal registrado aumenta su valor de reventa.

Cruzados

Los cruzados tienen la ventaja de la heterosis o el vigor híbrido. Esto se refiere a que sobresalen en áreas clave de rendimiento como la fertilidad, el crecimiento y la longevidad. Por lo general, les va mucho mejor que a sus progenitores de pura raza en estas áreas. Esto a menudo es de esperar, ya que el objetivo principal del mestizaje es obtener los mejores rasgos de dos razas puras en una descendencia superior.

Ciertas características tienen bajas tasas de ser heredadas; no se pasan fácilmente a la siguiente generación. Ejemplos de estos atributos incluyen el instinto de maternidad, el rendimiento reproductivo y la adaptabilidad ambiental. El mestizaje puede ayudar a mejorar este tipo de características para aumentar su tasa de herencia.

¿Debería conseguir ganado cruzado? ¿Por qué no? Bueno, eso depende de dos cosas. Si su meta de cría de ganado involucra solo pura raza, usted debe mantenerse alejado de esta idea.

Ahora, si lo anterior no es su plan, entonces está bien elegir ganado de raza cruzada. Tienen ventajas sobre los pura sangre. Los instintos maternales son superiores, tienen excelente fertilidad, más longevidad y los terneros de destete pesan más. Estas son algunas de las cosas que quiere en una vaca, y el ganado cruzado proporciona estos rasgos y habilidades mejor que los pura sangre.

Con se trata de toros cruzados los beneficios no son tan claros. Aparear estas vacas con toros cruzados no siempre sale como se esperaba. A menudo, las variaciones son demasiado amplias, y los terneros obtenidos difieren ampliamente en tamaño y peso. Por lo tanto, para mejorar ciertos rasgos en su manada utilizando la selección de cría, podría ser mejor utilizar un toro de pura raza.

Un consejo rápido si se decanta por el ganado cruzado. Como dijo George Orwell en *Rebelión en la granja*, todos los cruces son iguales, "pero algunos son más iguales que otros". La clave es que todos los animales no nacen iguales. Por lo tanto, al comprar este tipo de ganado, confirme al vendedor que son una cría de pura raza, no solo un ternero con ascendencia desconocida.

Capítulo 3: Psicología y manejo del ganado

La crueldad y el abuso de los animales suelen ser el resultado de terribles motivos del ganadero, a veces utiliza acciones crueles porque están frustrados y se han quedado sin ideas.

En este capítulo, estará expuesto a cómo se comporta el ganado y por qué se actúa de la manera en que lo hace. Una vez que entienda el comportamiento normal del ganado, puede aprender a manejarlos sin tener que recurrir a medidas crueles y peligrosas. Empecemos.

Visión y comportamiento del ganado

La vista del ganado difiere significativamente de la de los seres humanos. Y esta diferencia es probablemente más evidente en la relación entre su vista y sus movimientos.

El ganado tiene una visión gran angular que les permite ver las cosas sucediendo a su lado. Por lo tanto, si su ganado nota el movimiento desde la esquina de su ojo, independientemente de lo sutil que sea el movimiento, lo más probable es que desafíe y deje de moverse. Peor aún, el movimiento percibido puede asustarlos y causar una agitación que preferiría no experimentar. Introducir un palo en este punto o obligarlos a seguir moviéndose puede conducir a circunstancias muy desagradables.

Además de su visión gran angular, el ganado no tiene una buena percepción de profundidad a nivel del suelo. Para que descubran lo profundo que es un agujero, deben bajar la cabeza, para que puedan ver el suelo.

Por lo tanto, si su ganado está caminando y notar un chapuzón o agujero, como un desagüe o incluso un cambio en la textura del suelo, lo más probable es que dejen de moverse. Incluso podría notar algunos de ellos revisando lo que hay en el suelo.

Si su ganado de repente deja de caminar, su primer instinto no debería ser obligarlos a seguir moviéndose, sino descubrir por qué han dejado de moverse.

Sin embargo, esta parada repentina se puede prevenir si tiene en cuenta las sugerencias realizadas en la siguiente sección.

Visión y manejo del ganado

Comencemos con prestar atención a su visión gran angular. Porque el ganado puede percibir el movimiento desde la esquina de sus ojos, y ese movimiento puede impedir que se muevan, así que elimina las distracciones.

Por lo tanto, en la construcción de su rampa de carga, hay que añadir unas cuantas losas laterales lo suficientemente altas como para mantener las distracciones fuera.

Además de garantizar el libre flujo de movimiento, bloquear las distracciones puede contribuir a hacer que su ganado esté menos agitado. Asegúrese de que no pueden ver a la gente y cosas que no pueden controlar, ya que esto ayudará a mantenerlos tranquilos.

Construir rampas sólidas que bloqueen las distracciones es especialmente importante para los nuevos ganaderos porque su ganado no está familiarizado con su granja y no está acostumbrado a esas distracciones. También lo más probable es que aún no hayan sido entrenados para ignorar las distracciones.

Otra cosa que debe hacer con respecto a la visión gran angular de su ganado es eliminar cualquier cosa a su alrededor que se mueva.

Por lo tanto, no debe haber nada colgando en cualquier lugar o agitando en la brisa. Se deben quitar abrigos, perchas e incluso ramas de árboles. Si se quita el abrigo porque el clima es demasiado caluroso, no lo cuelgue en la cerca ni en ningún lugar dentro de la línea de visión de su ganado.

Si tiene un granero, considere otros medios de ventilación además de los ventiladores porque las hélices de estos aparatos pueden distraer a su ganado.

Ahora, veamos su percepción de profundidad. Asegúrese de que el camino por el que caminará su ganado esté libre de obstáculos. Su ganado debe ser capaz de sentir que caminar por un camino en particular no será peligroso para ellos.

Asegúrese de que no haya conductos de drenaje a lo largo del camino. Además, asegúrese de que la textura del suelo tiene la misma consistencia; no debe haber crestas o grietas. Tampoco debe haber charcos de agua, ya que estos pueden ser percibidos como un sitio potencial de ahogamiento.

Si su ganado se detiene repentinamente para revisar las cosas en el suelo, permítales satisfacer su curiosidad. Estarán más dispuestos a escucharle si han confirmado que no están en peligro.

Comportamiento ligero y ganadero

Al ganado le resulta fácil moverse de un lugar que no está debidamente iluminado, pero no se irá a un lugar iluminado si es demasiado brillante.

Además, el ganado rara vez lleva bien a las sombras, ya sea que estén en las paredes o en el suelo. Las sombras las confunden, ya que las sombras les dificultan ver lo que les espera.

Iluminación y manipulación de ganado

Asegúrese de que el destino, probablemente un remolque en el que desea que su ganado se mueva esté mejor iluminado que la rampa de carga. Puede hacerlo transmitiendo luz directamente en la rampa de carga.

Esta luz no debe ser demasiado brillante, ya que eso puede disuadir a su ganado. Y la luz tampoco debe brillar directamente en los ojos de su ganado, ya que eso puede agitarlos.

En cuanto a la rampa, asegúrese de que esté bien iluminado. No debe haber sombras ni manchas oscuras. Esto hace que su ganado se sienta incómodo. La idea es asegurarse de que su ganado sepa que lo que ven es todo lo que hay allí.

Ruido y comportamiento del ganado

Al ganado no le gustan los sonidos fuertes. Y probablemente desafortunadamente para ellos, tienen buen oído. Para poner las cosas en perspectiva, en el mejor de los casos, los seres humanos escuchan a 3000 hz mientras que el ganado puede oír hasta 8000 hz. Por lo tanto, tiene sentido que el ruido los irrite fácilmente.

Sin embargo, el énfasis aquí está en voz alta porque el ganado no tiene problemas con el ruido blanco y la radio al azar, siempre que el sonido esté en un volumen razonable. De hecho, el ruido blanco constante puede ayudar a su ganado a relajarse.

El ganado se perturba con ruidos fuertes y repentinos. Los sonidos de campanas, trenes, camiones pesados, petardos e incluso sonidos de maquinaria pesada en un matadero son sobrecarga sensorial auditiva para su ganado.

Algo más que no se llevan bien a gritar. Por lo tanto, ya sea que se esté gritando o simplemente teniendo humanos gritando y gritando a su alrededor, quiere mantener sus vocalizaciones abajo cuando esté en su presencia.

Ahora, el ganado que generalmente tiene una disposición tranquila podría no parecer agitado por el sonido de algo fuerte y extraño, pero esto no significa que no lo estén. El ganado que está tranquilo generalmente inclinará sus oídos en el área general de ruido extranjero, como si estuvieran tratando de averiguar los sonidos.

Ahora que sabe todo eso sobre cómo el ruido puede afectar el comportamiento de su ganado, ¿qué puede hacer al respecto?

Ruido y manipulación de ganado

En primer lugar, si usted está dirigiendo un matadero, asegúrese de que el granero o donde quiera que su ganado esté alojado está lejos del matadero; lo suficientemente lejos como para que su ganado no pueda escuchar las actividades que están sucediendo allí.

Además, si ama a los petardos, debe sacrificarse por su ganado. Asegúrese de que todo el mundo sepa que su propiedad es una zona sin petardos.

Sin embargo, si usted tiene una pequeña granja, podría ser difícil cortar todas las fuentes de ruido por completo. Aquí, tener ruido blanco constante jugar en el granero puede ayudar a que su ganado sea menos susceptible a reaccionar ruido fuerte. Puede utilizar una radio para reproducir estaciones de programas de entrevistas en su granero con el volumen establecido en normal.

Asegúrese de no gritarle a su ganado. El grito no solo no será efectivo, sino que también puede empeorar la situación.

También desea asegurarse de que cualquier desacuerdo que esté teniendo con alguien está lejos de la gama de audiencias de su ganado, especialmente si siente que el desacuerdo podría conducir a un partido de gritos.

Y al agrupar a su manada, no se deben considerar silbidos o gritos, ya que esos se clasifican como un ruido repentino. Pero (y esto puede parecer una antítesis de todo lo que se ha dicho) soplar un cuerno para llamar a su ganado podría ser una buena idea. Pero necesita saber si quiere usar un cuerno, su ganado debe ser entrenado (con recompensas) para llegar al sonido de la bocina.

En movimiento, desea evitar el uso de puertas mecánicas que hacen ruido a medida que se abren. Si las puertas chirrian, puede utilizar tapones de goma para minimizar el sonido.

Por último, puede aprovechar los animales más tranquilos entre su ganado. Viendo como estos son más propensos a girar sus oídos hacia el ruido repentino y fuerte que a mostrar agitación, puede mirar hacia sus oídos para averiguar cuál es la fuente del ruido. Y eliminar esa fuente debería ayudar al otro ganado a mantener la calma.

Comportamiento del tacto y del ganado

Probablemente los hechos más conocidos sobre el ganado son que son animales de manada. Y la implicación es que por lo general se mueven en grupos. Como resultado, el ganado y otros animales que viajan en manadas están acostumbrados a la sensación de tener cuerpos a su alrededor.

Además, el ganado es sensible al tacto. Y al igual que no les gusta el ruido repentino o el movimiento repentino, ciertamente no les gusta ser tocados inesperadamente. Pueden reaccionar violentamente si malinterpretan un toque particular como dañino. Esto es especialmente cierto si tienen antecedentes de abusos.

Al construir la rampa o cualquier otra estructura por la que su ganado debe caminar, es importante que lo haga lo suficientemente estrecha como para que puedan sentir la presión de unos cuerpos con otros mientras caminan.

Aparte del hecho de que la sensación de la cercanía de otros cuerpos ayuda a las vacas a mantener la calma, no pueden dar la vuelta y ir en la dirección opuesta. Por lo tanto, la construcción de una rampa compacto le permite matar varios pájaros de un tiro.

En cuanto al tacto, las palmaditas son algo que quiere evitar, ya que su ganado podría confundirlas con golpes.

Por último, cuando se trata de actividades cotidianas, es importante considerar si alguno de sus ganados ha sido abusado porque el ganado rara vez olvida el abuso, y esto podría traducirse en su reacción exagerada a su tacto.

Si alguna de sus reses ha sido abusada hay que tener cuidado y, lo que es más importante, extremadamente paciente y tranquilo al tocarlas.

Salud y comportamiento del ganado

Un animal que cuya salud no es la óptima podría ser difícil de manejar. Desafortunadamente, muchos factores pueden enfermar a su ganado. Muchos de estos problemas de salud son cosas sobre las que tiene control, y algunos otros no lo son.

Por un lado, las condiciones climáticas extremas pueden poner su ganado bajo el clima. Y para el ganado, el calor es una amenaza más grande que el frío. Otros factores que pueden afectar a su ganado sobre los que tiene poco control incluyen parásitos, enfermedades y depredadores.

Sin embargo, habrá cosas sobre las que tiene control, como la comida. Su ganado debe ser alimentado adecuadamente (comida y agua) si desea que sean agradables. Pero no quiere que se sobrealimenten, ya que eso puede hacerlos aburridos y letárgicos, lo que dificulta que hagan nada.

Someterse a ciertos procedimientos también puede afectar la respuesta de su ganado. Por ejemplo, tener los testículos castrados derriba a cualquier macho y los hace poco cooperativos. ¡Así que espere eso del ganado que acaba de ser castrado!

Por mucho que esté bajo su control, asegúrese de que su ganado se encuentra en óptima salud. E incluso esos factores que no puedes controlar, puedes tratar de manejarlos. Estos son algunos consejos:

Alimente su ganado de inmediato y apropiadamente. Dele suficiente comida cuando sea debido.

El ganado no lleva bien el aislamiento. Así que agrúpenlos en manadas.

Si acaba de castrar a un animal, debe darle tiempo para sanar. Es posible que necesiten ser aislados durante este período, pero asegúrese de que están en un lugar donde puedan ver otro ganado.

¿Recuerda la losa de pared alta mencionada anteriormente? ¿El que debería ayudar a mantener fuera las distracciones? También podría ayudar a mantener fuera a los depredadores. Tener un perro pastoreo también puede ser útil.

Distancia de seguridad

Por todo lo que se ha mencionado, es fácil concluir que no se necesita mucho para asustar a una manada de ganado. De hecho, debido a lo fácil que es, usted debe prestar atención a sus reacciones.

En términos simples, la distancia de seguridad es el espacio personal de su ganado. Es la distancia y el espacio del ganado en el que puede pararse y moverse sin hacer que su ganado se vuelva violento.

Lo interesante de este espacio es que entrar en él hace que el ganado se aleje de usted. Y podría usar esto para llevarlos a donde quiera que vayan.

Para que una vaca o un toro avancen, debe pararse en el borde de su zona de seguridad. Y para que deje de moverse, debe salir de este área, pero asegúrese de que todavía está a la vista.

Ahora, este espacio difiere de un animal a otro. Y esta diferencia podría ser el resultado del temperamento o incluso el entrenamiento.

Cuanto más tranquilo esté un animal, menor será la distancia, si el ganado es dócil casi no tiene zona de seguridad (lo que dificultaría su pastoreo). Además, a medida que su ganado se acostumbra a tenerlo cerca, se pone más cómodos y esto disminuirá su distancia de seguridad.

¿Cómo se encuentra el equilibrio? Solo trate de caminar suavemente hacia ellos dentro de su línea de visión. Cuando se alejan de usted es el borde de su zona de vuelo. Si sigue acercándose, es posible que su ganado se ponga muy agitado. Así que deberá trabajar con esa distancia donde se alejaron de usted.

Además, si desea que avancen, utilice la zona de seguridad detrás de sus extremidades anteriores, ya que intentarán distanciarse de usted avanzando. Si viene de su frente, lo más probable es que regresen de donde venían.

Por último, el ganado puede ver 300 grados a su alrededor. Por lo tanto, su punto ciego está justo detrás de su cabeza, y ese es un lugar en el que no quiere estar.

Recuerde que al ganado no le gustan las sorpresas, por lo que pararse en un lugar donde no pueden verle, pero pueden sentir que su presencia los asustará. Y el ganado asustado así puede volverse agresivo, lo que lleva a lesiones graves para usted.

Capítulo 4: Instalaciones, vivienda y vallado

Ahora, es hora de pensar dónde se quedará su ganado y qué instalaciones usará para su operación. Y no hace falta decir que estas instalaciones de vivienda y operación deben estar en su lugar un par de días antes de que llegue su ganado.

Sin embargo, las instalaciones que necesita para operar su equipo de cría de ganado dependen de lo que quiera llevar a cabo. Básicamente, hay tres tipos de equipos de cría de ganado:

- Equipo de cría de vaca: Usted está criando ganado.

- Equipo de alimentación: Usted está criando ganado para ser vendido como carne.

- Equipo combinado: Una combinación de ambos.

Mientras que un equipo de cría de vaca requiere viviendas techadas para el ganado, es innecesario para un equipo de alimentación. Y mientras que un equipo de alimentación requiere una gran cantidad de sistemas de confinamiento y de alimentación automatizados, un equipo combinado de vaca no necesita tantos requisitos. En cuanto a las instalaciones de manipulación, necesitará las mismas cosas sin importar qué tipo de negocio de cría de ganado quiera dirigir.

Dicho esto, veamos qué instalaciones necesitará para dirigir un negocio exitoso.

Instalaciones de manipulación de ganado vacuno

Compuerta

La compuerta es un dispositivo utilizado para mantener la cabeza del ganado en su lugar. La idea es mantener al animal en su lugar para que se pueda acceder al ganado para recibir tratamiento veterinario.

Hay cuatro tipos amplios de compuertas. El tipo de auto-captura se cierra automáticamente inmediatamente después de que el ganado entre, pero si eso no funciona demasiado bien para usted, puede obtener una versión que también se puede operar manualmente.

La puerta de contención consta de dos piezas con un pivote en la parte inferior. El montículo de apertura completa consta de dos piezas que se abren para permitir la entrada del ganado y luego se cierran para mantener al ganado dentro. El cabezal de control positivo, que no es muy seguro, encierra el ganado de pie firmemente (pero tal vez demasiado firmemente).

Al elegir una compuerta, desea recordar las siguientes cosas:

- Una puerta automática generalmente se bloquea demasiado fuerte o suelta. Por lo tanto, puede que no siempre sea una buena opción.

- Si dirige una pequeña granja con ganado agradable o el ganado en el que desea trabajar está enfermo, la puerta automática funcionará bien.

- Sin embargo, si desea obtener una puerta automática, lo mejor es obtener el tipo que le permite ejecutarlo manualmente.

Sujeción/canal

El conducto de sujeción/compresión normalmente se une a la compuerta. Muchas personas simplemente se quedan con la puerta de contención de la cabeza. Si su equipo es pequeño, eso podría funcionar.

Pero si tiene el dinero sobrante, el canal es una buena idea. Básicamente contiene el resto del cuerpo de la vaca para que usted o el veterinario puedan trabajar en el animal sin el riesgo de lesiones para el ganado o el manipulador.

Canal de trabajo

El canal de trabajo es un pasadizo que está unido a la puerta. Sirve para encajonar al ganado. Suele ser lo suficientemente ancho para una sola cabeza de ganado. Por lo tanto, su ganado debe pasar a través del canal de uno en uno.

Jaula de retención

La jaula de retención es esa zona donde se quedará su ganado, a la espera de ser llevado a través del canal de trabajo y en la puerta de compresión.

Su jaula de retención debe ser capaz de sostener tantas vacas como trabajará en una sesión. Esto significa que si usted tiene unas cinco compuertas la jaula debe acomodar cinco vacas. La razón es que así que su ganado no se inquiete esperando.

Canal de carga

El canal de carga se utiliza para mover ganado a un remolque. Sebe ser capaz de mover el ganado lo suficientemente rápido para que aquellos que han entrado en el remolque no se inquieten y se muevan.

Además, su canal de carga debe contener tanto ganado como su camión pueda acomodar.

Un canal de carga parece un pasadizo móvil con paredes elevadas y tiene varios tamaños.

Básculas

También desea considerar la posibilidad de obtener básculas. Si bien es posible que no las necesites si no dirige un equipo comercial, serán útiles para pesar la alimentación y los terneros cuando nazcan.

Si va a pesar su ganado, coloque las básculas cerca de su canal de carga (básicamente todas las instalaciones de las que acabamos de hablar) sería más eficaz que en cualquier otro lugar. De esta manera, puedes pesarlos antes de trabajar con ellos.

Equipo de alimentación de ganado vacuno

Canal de alimentación

Un abrevadero de alimentación suele ser un recipiente rectangular en la que verterá alimento para su ganado. Por lo general, es lo suficientemente ancho como para permitir que varias reses se alimenten simultáneamente.

Hay diferentes tipos de abrevaderos de piensos hechos de diferentes tipos de materiales; plástico, madera e incluso metal. Si su canal de alimentación está fuera, el plástico y la madera son buenas opciones.

Cualquiera que sea material que decida, asegúrese de que el abrevadero sea furo. Los neumáticos de coche reciclados son un buen material para las vaguadas de alimentación porque son resistentes y no dañarán a su ganado.

Si tiene un montón de ganado de diferentes tamaños y edades, es importante obtener más de un recipiente de alimentación.

La idea es poder alimentar a su rebaño usando diferentes alturas de acuerdo con su edad y/o tamaño. Esto es importante porque el ganado de diferentes edades y tamaños tiene diferentes necesidades de alimentación.

Alimentándolos en diferentes alturas, podrá alimentarlos de acuerdo con sus diversas necesidades. Además, el ganado más grande no será capaz de oprimir a los más pequeños.

Si está criando ganado alimentador, considere la posibilidad de obtener alimentadores automatizados. El ganado alimentador debe ser engordado, lo que significa que deben comer mucho.

El uso de alimentadores automatizados ayuda a garantizar que su ganado se alimente a menudo, a tiempo, sin causarle estrés adicional.

Carros de alimentación y cucharadas

Necesita carros para mover la alimentación desde el lugar donde está almacenada hasta el comedero. También necesita una pala para poner alimento. También puede llevar una bolsa de alimento y verterlo directamente.

Alimentador de heno

Un alimentador de heno es opcional si ya tiene contenedor de alimentación, pero es una buena idea. Los comederos de heno normalmente parecen la caja trasera descubierta de un camión. Hay un mango unido al alimentador que libera el heno.

Dicho esto, otros tipos de alimentadores de heno que son más pequeños y portátiles; algunos son incluso plegables. Esta es una mejor opción para iniciar una pequeña granja.

Sistema de agua

También necesita tener un depósito de agua en su granja. Ahora, este depósito de agua es básicamente un tazón de agua grande con algunos elementos adicionales, y tiene bastantes beneficios.

En primer lugar, un buen depósito tendrá una válvula (algo similar a la pelota en su tanque del inodoro). La válvula ayuda a controlar el suministro de agua. El agua entrará, pero se detendrá en un punto de ajuste para evitar residuos.

Algo más que encontrará es una válvula de parada que detiene el flujo de agua en una vaguada. Necesitará esto si quiere limpiar solo un depósito y dejar los demás activos.

Una válvula de retención es algo para tener en cuenta si su línea de agua está conectada a la línea de agua de la casa principal. La válvula de retención ayudará a asegurarse de que el agua de la vaguada no encuentre su camino en la línea de flotación principal de la casa.

Estas son algunas otras cosas en las que pensar en la elección de abrevaderos:

- El depósito de agua debe ser fácil de limpiar. Los abrevaderos rara vez tienen un drenaje, por lo que no puede simplemente sacar un enchufe y vaciar fácilmente el agua. También debe considerar que necesita limpiarlo cada tres meses.

- Ya que debe limpiar su depósito, considere obtener más de uno, independientemente de la cantidad de ganado que tenga. De esta manera, siempre tendrá uno lleno de agua dulce para su ganado, incluso cuando el otro está siendo limpiado.

- El tamaño del depósito es una consideración importante. Al elegir el tamaño correcto, considere cuántas vacas tiene.

- Si solo tiene un animal, necesita una vaguada un poco más grande que su cabeza para que no caiga accidentalmente y se ahogue.

- Si tiene más de una vaca o tiene una manada, considera conseguir un depósito de unos 20 centímetros de profundidad.

- La manguera de suministro de agua debe ser lo suficientemente grande como para suministrar agua rápidamente al depósito para que no se quede sin agua mientras su ganado bebe. El ganado puede enojarse si está vacío.

- Las tuberías de agua deben estar cubiertas para que su ganado no tropiece y caiga y/o dañe el sistema.

- Además, asegúrese de que el depósito esté anclada firmemente al suelo.

Vivienda para ganado vacuno

La vivienda para ganado no tiene que ser complicada. Si usted tiene una zona de hierba o un pasto y su ganado es solo para carne solo puede vivir en el campo en el verano. Pero no está de más tener algo construido para ellos.

Ahora, aquí hay algunas cosas que recordar en la construcción de viviendas para su ganado vacuno:

1. Una de las cosas más importantes es construir algo que sea fácil de limpiar. Para ello, puede asegurarse de que su granero o casa de ganado tiene un drenaje, o puede erigir la estructura en un área elevada.

Cualquiera de ellos facilitará el drenaje del suelo durante la limpieza o si llueve en la estructura.

Si va a instalar un desagüe, asegúrese de que no está en un área donde su ganado estará caminando. Recuerden, no son buenos en la percepción profunda.

2. Asegúrese de que el espacio esté correctamente ventilado y bien iluminado con luz natural. Si la entrada al refugio da al sur, eso funcionará bien.

Evite las luces artificiales tanto como sea posible, ya que a las vacas no les gustan las áreas demasiado iluminadas. Permitir la iluminación natural garantizará que el ganado esté recibiendo esta importante luz de manera uniforme.

3. Asegúrese de que el suelo esté nivelado y uniforme porque varias texturas o cambiantes pueden ser estresantes para el ganado.

4. Cree un espacio separado para el nacimiento.

Hay varias opciones de vivienda que puede considerar.

La primera opción es un terreno plano a la intemperie o la estructura del granero a puerta cerrada. Si elige la estructura abierta, erija una pequeña cerca alrededor de los lados. Debe ser lo suficientemente pequeña para que no obstruya la vista, pero lo suficientemente alta como para evitar que su ganado u otros animales externos lo superen.

Sea cual sea el estilo que utilice, el interior es importante. Dentro de la casa del ganado, es importante que cada cabeza de ganado tenga su propio espacio y no deambule libremente.

Si usted tiene una pequeña cantidad de ganado y suficiente espacio, una fila de puestos debería servir. Asegúrese de que el ganado tenga suficiente espacio para estar en sus puestos. Considere una anchura de 105 centímetros y una altura de 165 centímetros.

Pero si no tiene tanto espacio o está manejando un equipo grande, considere hacer dos filas de puestos, con el ganado uno frente al otro.

Ahora, si desea ejecutar un sistema de vivienda fija donde el ganado permanezca en el interior todo el día, cada puesto debe tener su propia alimentación y contenedor de agua.

Si usted está organizando un sistema de dos filas, los dos ganados que se enfrentan entre sí pueden compartir los contenedores de alimentación y agua.

Vallado

Si va a ejecutar un sistema de vivienda abierta, es muy importante que preste atención al vallado. En el sistema de vivienda abierta, su ganado pasa la mayor parte de su tiempo fuera, alimentándose, pastando y descansando.

Quiere asegurarse de que no se desvíen ni sean atacados por otros animales. Así que, esto es lo que necesita saber para mantenerlos a salvo.

Elección de la valla correcta

El tipo de cerca que querrá usar depende de la raza de ganado que está criando y si tiene un problema con depredadores. Diferentes tipos de vallas van desde alambre de púas con alambre tejido hasta alta tracción y cercas eléctricas.

La mayoría del ganado finalmente se lastima en alambre de púas. Si usted está criando ganado vacuno, los depredadores podrían no ser un problema debido a lo grandes y pesadas que son las vacas. Por lo tanto, podría investigar los tipos de alta tracción o cerca de alambre tejido.

Espaciado del poste de la cerca

La regla general dice que espaciar los postes de la cerca de 2,4 a 3,6 metros de distancia. La idea es tener suficientes postes de cerca para que su cerca sea sólida y preparada para el impacto. Los postes ayudan a anclar el cable y mantenerlo en tierra. Muy pocos postes harán el vallado débil.

Sin embargo, si está utilizando acero galvanizado y cables de alta tracción, puede salirse con la suya espaciando sus postes a más de 3,6 metros de distancia.

Necesita postes de esquina para ayudar a solidificar aún más su cerca, por lo que necesita enterrarlos profundamente.

La regla general es enterrar el poste a una profundidad entre el 35 y el 50% de la altura de su poste de esquina.

Así que, si tiene un poste de esquina de 2 metros, cavará un agujero entre medio metro y un de profundidad. Además, el agujero debe ser tres veces más ancho que el poste.

Propiedad de la tierra

Antes de erigir la cerca, averigüe dónde comienza y se detiene su propiedad. De esta manera, no está desperdiciando una parte de su tierra o robando la de otra persona.

Considere la posibilidad de emplear los servicios de un topógrafo de tierras y cantidades porque las batallas judiciales debido a los límites de la tierra pueden ser complejas y complicadas.

Capítulo 5: Nutrición y alimentación del ganado vacuno

Antes de entrar en la conversación sobre qué tipos de alimentos debe comer su ganado, es importante que entienda cómo funcionan sus sistemas digestivos. Esto ayudará a poner las cosas en perspectiva cuando hablamos de alimentación y qué tipo de alimentos son mejores para su ganado.

- Los animales rumiantes como los bovinos son eficientes en la digestión de piensos de alta fibra debido a la forma en que funciona su sistema digestivo. Este sistema consta de:

- Boca.

- Lengua.

- Glándulas salivales.

- Esófago.

- Estómago (compuesto por cuatro compartimentos: el rumen, retículo, omaso y abomaso).

- Páncreas.

- Vesícula biliar.

- Intestino delgado (compuesto por duodeno, yeyuno e íleon).

- Intestino grueso: (compuesto por el ciego, el colon y el recto).

En promedio, el ganado vacuno tomará entre 25.000 y 40.000 bocados cada día mientras pasta. A veces, incluso podría ser más. Como probablemente se puede deducir, mastican rápido y no mastican lo suficiente antes de tragar.

El pastoreo de ganado ocupa más de un tercio de su día, mientras que los dos tercios restantes se comparten entre masticar (llevar el alimento parcialmente digerido de nuevo a rumiar) y simplemente estar en la tierra. La tarea de masticar ocupa aproximadamente un tercio de los dos tercios restantes, y el resto del día se pasa descansando.

Después comienza el viaje de la comida de la boca al ano. Cuando el bovino toma el forraje, se mezcla con su saliva, que contiene potasio, sodio, bicarbonato, urea y fosfato. Esto forma un bolo que viaja a través del esófago hasta el retículo. El esófago en el ganado funciona bidireccionalmente, por lo que mueve los alimentos hacia abajo, pero también empuja la bola de nuevo en la boca. Una vez que la bola se mueve de nuevo hacia arriba en la boca de alimento se mastica y se mezcla con saliva una segunda vez antes de que ser ingerida de nuevo y moverse al retículo.

Desde el retículo, la parte sólida de la boda va al rumen para fermentar mientras que la parte líquida entra en el reticulorumen. La parte sólida permanece en el rumen durante 48 horas. Ahora, el reticulorumen (retículo + rumen) contiene microorganismos como protozoa, hongos y bacterias. Estos se alimentan de la cúspide en el rumen y los descomponen en ácidos grasos volátiles (VFAs). Ejemplos de VFAs incluyen acetato para sintetizar grasa, propionato para sintetizar glucosa, y butirato. El ganado utiliza estos VFAs para producir energía.

Ahora, echemos un vistazo a cada parte del sistema digestivo rumiante con más detalle.

El sistema digestivo rumiante

Endoplasmático

Debido a su aspecto, el retículo también se llama un "panal de abeja". Su papel principal es mover alimentos digeridos más pequeños en el omaso y las partículas más grandes en el rumen donde estas partículas se digieren aún más.

El retículo es también la parte del estómago donde los objetos pesados pueden quedar atrapados. Por lo tanto, si su bovino ingiere por error un alambre, una uña o cualquier otro objeto pesado, lo más probable es que que quede atrapado en el retículo.

A medida que se producen contracciones normales, el objeto puede perforar a través de la pared intestinal y moverse hacia el corazón. Esto puede causar enfermedades.

Rumen

También es conocido como el *paunch*, el rumen viene con papilas, los tejidos primarios a través de los cuales se produce la absorción. Es sobre todo una cuba de fermentación porque toda la fermentación microbiana tiene lugar aquí. Es un ambiente anaeróbico. No hay oxígeno allí. Tiene un rango de pH de 6.5 a 6.8.

El rumen es también el lugar donde se produce gas, lo que tiene sentido, ya que es donde se lleva a cabo toda la fermentación. Gases como el metano, el sulfuro de hidrógeno y el dióxido de carbono se producen en el rumen.

Omaso

El omaso se une al retículo a través de un túnel corto. Es esférico y característicamente viene con muchas aletas o hojas, por lo que también se llama la biblia del carnicero. El omaso es donde se produce la absorción de agua para rumiantes. En el ganado, el omaso es grande y bien desarrollado.

Abomaso

De los cuatro compartimentos, el abomaso es el estómago real porque es el estómago más parecido a los no rumiantes. Es altamente ácido, con un rango de pH de 3.5 a 4.0, pero el animal está seguro porque las células del abomaso secretan moco, que protegen el abomaso del daño del ácido.

El abomaso también contiene enzimas clorhídricas y digestivas como la pepsina y la lipasa pancreática, que trabajan juntas para descomponen los alimentos.

Intestino delgado y grueso

En el intestino delgado y grueso, los nutrientes se absorben aún más. El intestino delgado es largo (alrededor de 46 metros), tiene una capacidad de 76 litros, y es aún más ácido que el abomaso. Desde el abomaso, los alimentos digeridos se mueven hacia el intestino delgado. Cuando esto sucede, el intestino delgado se vuelve alcalino a medida que el pH aumenta de aproximadamente 2.5 a 7 u 8. El aumento del pH es necesario para que las enzimas del intestino delgado actúen correctamente.

Al igual que en los intestinos delgados de los seres humanos, hay vellosidades en el intestino delgado del ganado. Estas vellosidades se parecen a los dedos y aumentan el área superficial del intestino para ayudar a la absorción de nutrientes. A medida que los músculos se contraen, los alimentos se mueven del intestino delgado al intestino grueso.

La función principal del intestino grueso es reabsorber el agua de los alimentos digeridos mientras pasa el resto al recto.

Requisitos nutricionales del ganado vacuno

Hay varias clases de nutrientes que el ganado necesita para que sus cuerpos se desarrollen y funcionen correctamente. Cada clase de nutrientes tiene su propio papel que desempeñar en el cuerpo, y una ausencia o deficiencia de ellos podría inhibir el crecimiento o causar mala salud.

Las siguientes son clases de nutrientes que el ganado requiere:

TDN (Energía)

Es obvio lo que hace la energía en el cuerpo de cualquier organismo vivo. Esta energía nos da el impulso para llevar a cabo el trabajo y, para los organismos vivos, el trabajo incluye el cultivo, la lactancia, la reproducción, movimiento y digestión de los alimentos.

La energía en la nutrición del ganado se expresa como nutrientes digeribles totales (TDN) y es el nutriente más importante que el ganado necesita. También lo necesitan en grandes cantidades.

Para el ganado, las fuentes de energía incluyen hemicellulosa y celulosa del almidón de grano y la fibra. También pueden obtener energía de grasas y aceites, pero estos solo constituyen una pequeña parte de su dieta regular.

Proteína

Sabemos que las proteínas son los bloques de construcción del cuerpo. Forman los principales componentes de órganos y tejidos en el cuerpo, como los músculos, el tejido conectivo y el sistema nervioso.

Una proteína comprende varias unidades de aminoácidos vinculados a cadenas de formulario. Cuando se suministra en cantidades adecuadas al cuerpo, ayuda al mantenimiento normal del cuerpo y en la lactancia, crecimiento y reproducción.

Los diferentes componentes de la proteína varían en su solubilidad. Están las proteínas digeribles digeridas por microbios en el rumen, y luego están las proteínas insolubles que dejan el rumen intacto al intestino inferior.

Minerales

Hay macro minerales y micro minerales. Los macro minerales son necesarios en una cantidad relativamente mayor que los micro nutrientes. Algunos ejemplos de macroelementos son calcio, sodio, fósforo, potasio y magnesio. Los micro-minerales, por otro lado, también se conocen como oligoelementos, incluyen cobre, yodo, selenio, zinc y azufre.

La riqueza de los minerales de la dieta de su ganado depende de la calidad de los piensos que consumen. A menudo, usted debe fortificar su ración con suplementos minerales. El tipo de suplementos minerales que elijas también depende de la alimentación que tus animales estén comiendo, y de sus necesidades nutricionales.

Los minerales son una parte crítica de su nutrición ganadera, y aunque solo se necesitan en cantidades relativamente pequeñas en comparación con otras clases de nutrientes, una deficiencia puede tener consecuencias leves a moderadas a graves. Algunas de estas consecuencias incluyen un crecimiento pobre, piernas inclinadas, huesos quebradizos, una caída en las tasas de concepción, temblores musculares, convulsiones, etc.

Vitaminas

Las vitaminas son como minerales en su función. Para el ganado vacuno, las vitaminas más importantes incluyen vitaminas A, D y E. El follaje fresco es una buena fuente de estas vitaminas. Las vitaminas de los forrajes tienden a disminuir después de un tiempo. El grano también tiene niveles más bajos de vitaminas.

La vitamina A garantiza la reproducción normal, el crecimiento y el mantenimiento del cuerpo. La vitamina D es necesaria para el correcto desarrollo de los huesos. Con el selenio, la vitamina E asegura que el tejido muscular se desarrolle correctamente.

A falta de estas vitaminas, el ganado puede experimentar una reducción de la fertilidad (deficiencia de vitamina A), raquitismo (deficiencia de vitamina D) y distrofia muscular y enfermedad del músculo blanco (deficiencia de vitamina E).

La enfermedad del músculo blanco es un problema común con el ganado. Para prevenir esto, es posible que tenga que inyectar a los terneros con selenio o vitamina E al nacer. Alimentar a sus vacas con suplementos de selenio/vitamina E o inyectar a las vacas embarazadas selenio/vitamina E también puede ayudar.

La vitamina B tiene poco impacto en la nutrición del ganado. Los microorganismos que se encuentran en el rumen ya producen esta vitamina en cantidades suficientes, que absorbe el ganado. Pero la vitamina B es esencial para los terneros, ya que aún no han desarrollado completamente su rumen. El ganado superestresado también podría necesitar suplementos de vitamina B, ya que el estrés agota la población microbiana en el rumen y así disminuir la vitamina B.

Ahora que conoce los requisitos nutricionales de su ganado, vamos a entrar en las diferentes categorías de alimentos que debe alimentar a su ganado para nutrirlos con todos los nutrientes que necesitan.

Tipos de piensos para bovinos

Suplemento de grano

El grano es rico en energía y tiene cantidades moderadas de proteínas, pero contiene poca fibra.

Pero el grano es ideal para el ganado porque facilita un rápido crecimiento y ayuda a engordar su ganado. Proporcionar grano es un método de alimentación adoptado por la mayoría de los agricultores debido a su rentabilidad.

El grano también es una fantástica alternativa para los criadores de ganado que viven en zonas donde el acceso al excelente heno es limitado. En el invierno, también, el grano puede ser un salvavidas para los agricultores y el ganado.

Aunque el grano tiene excelentes beneficios, es importante no dejar que su ganado se dependa demasiado de él. El ganado dependiente de los suplementos rechaza los pastos y el heno, que son opciones mucho mejores para ellos nutricionalmente en comparación con los suplementos.

Algunos ejemplos de granos son la cebada, el maíz y la avena.

Fibra

Ejemplos de fibra celulósica incluyen heno, cascos de grano, césped y cascos de semillas oleosas. La fibra es típicamente rica en celulosa, pero contiene poca energía. Suministra niveles moderados de energía. Sin embargo, contiene proteínas, dependiendo de la planta de la que se derive y del nivel de madurez de la planta.

Ahora, ya que estamos aquí, hablemos un poco del heno.

El heno es uno de los mejores alimentos que el ganado puede comer. Puede suministrar por sí solo casi todos los nutrientes que el ganado necesita, pero debe ser comido en el momento adecuado o se pierden todos los nutrientes densos. En otras palabras, usted debe elegir antes de que se seque. Además, el curado y almacenamiento adecuados son muy importantes cuando se trata de alimentar su heno de ganado.

El heno viene en diferentes variedades, cada una con el nivel de nutrición que ofrecen. La alfalfa, por ejemplo, es más rica en fósforo y calcio que la hierba, pero el heno de hierba tiene altos niveles de proteína. Por lo tanto, la mayoría de los expertos recomiendan mezclar heno de alfalfa con un poco de hierba en lugar de alimentar la alfalfa exclusivamente, especialmente al criar ganado vacuno.

La alfalfa es genial e incluso se recomienda para el ganado lechero, pero debido a su tendencia a causar hinchazón, no se recomienda para el ganado vacuno. Por lo tanto, para su ganado vacuno, puede mezclar alfalfa con heno de hierba, o alimentarlos con heno de legumbre, que es rico en proteínas.

Forraje y pastos

Los cultivos de pastos y forrajes contienen todos los nutrientes que el ganado necesita para prosperar. A menos que el suelo se agote por una razón u otra, o puede ser demasiado temprano en el año para que la hierba crezca exuberante y rica.

Además del grano, los cultivos forrajeros y los pastos son otras soluciones de alimentación baratas para su ganado, pero debe hacer su debida diligencia antes de alimentarlos solo con pastos y cultivos forrajeros. Conocer la fertilidad del suelo y asegurar un buen riego es importante para asegurar que las plantas estén llenas de nutrientes adecuados.

Además, siempre sepa qué tipo de plantas está comiendo su ganado, y su condición y nivel de madurez.

Oleaginosas

Las semillas oleosas son ricas en proteínas y energía, pero su contenido de fibra varía. Algunos ejemplos de semillas oleosas son la harina de canola y la soja.

Subproductos

Los productos a plazo vienen con altos niveles de humedad, y su contenido nutricional varía dependiendo de su fuente. Ejemplos de subproductos incluyen residuos de conservas de maíz dulce, granos de destilador, cribado de granos, orujo de manzana y residuos de panadería.

Capítulo 6: ¡Todavía puede ordeñar sus vacas de carne!

Las vacas que nos benefician con leche y el ganado que nos proporcionan delicioso filete son criaturas diferentes. ¡Pero la gente come carne de vaca lechera y bebe leche de vaca de ternera! Antes de aventurarnos en esta conversación, es importante sentar las bases de esta discusión. Por lo tanto, comenzaremos este capítulo examinando el ganado vacuno de carne y el ganado vacuno de leche para comprender las similitudes y diferencias entre estas dos razas. Sabemos que está aquí por la carne de res, pero saber algo sobre la forma de ordeñar y ganado lechero también es importante.

Carne de res contra ganado lechero

Bovinos

El ganado vacuno y lechero se ve característicamente diferente. El ganado vacuno es corpulento como los culturistas. Canalizan toda su energía para almacenar grasa y desarrollar músculos. Estos trabajan juntos para darle carne deliciosa; lo mejor es la carne magra con marmoleo para mejorar el sabor y la textura.

Las patas fuertes del ganado vacuno les ayudan a navegar por los pastos. Sus vientres también son redondeados y corpulentos con espaldas gruesas, hombros fuertes y grupas, y cuellos cortos.

Con la dieta, el ganado vacuno se alimenta principalmente de granos y hierba, aunque comen más hierba que granos, especialmente cuando todavía son jóvenes.

Probablemente ya sabes que el ganado vacuno produce leche porque de lo contrario cuidarían sus terneros, ¿verdad? Pero como también se puede deducir, la producción de leche en ganado vacuno es mucho menor que en el ganado lechero. La lógica es simple. A lo largo de los años, el ganado vacuno se ha criado para hacer una cosa, y eso es producir carne de vacuno. Por lo tanto, aunque el ganado vacuno produce leche, solo genera lo suficiente para nutrir a sus terneros, que es de tres a siete litros diarios.

La carne de res puede provenir de un novillo, una vaca o una vaquilla, pero la mejor carne proviene de vaquillas y novillos.

Vacas lecheras

Si el ganado vacuno es como los culturistas, entonces las vacas lecheras son como corredores de maratón. Pueden parecer infravalorados, pero así es como las vacas lecheras están genéticamente conectadas. No importa cuán bien alimentadas estén, permanecen delgados y angulares porque canalizan toda su energía en lactantes en lugar de construir músculo o almacenar grasa. Para las vacas, la producción de leche y el volumen en masa son mutuamente excluyentes. Por lo tanto, las vacas lecheras y el ganado vacuno son característicamente diferentes en apariencia.

Las vacas lecheras producen leche en grandes cantidades diarias, hasta 38 litros al día por lo general. Para mantenerla sana y cómoda, debe ordeñar a su vaca lechera dos o tres veces al día.

Las vacas lecheras se crían en pastos o graneros de puestos libres donde tienen acceso al agua dulce y la comida. Tienen la misma dieta que el ganado vacuno, que consiste en hierba y granos, pero a diferencia del ganado vacuno, no necesitan navegar por el terreno para pastar, de ahí su ligera construcción.

Ahora, recuerde que las vacas solo amamantarán cuando tengan terneros, y las vacas solo pueden tener un ternero en un año: carne de res o lácteos. El ordeño entonces ocurre durante aproximadamente 300 días en un año, después de lo cual el cuerpo toma un descanso para los 60 días más restantes mientras se preparan para parir.

Sin embargo, pasemos a la segunda parte de este capítulo. Hablemos de la producción de leche en ganado vacuno.

Producción de leche en ganado vacuno

Mientras que el ganado vacuno se cría principalmente por su carne, nada dice que no se puede ordeñar cuando lactan. El sabor difiere ligeramente de lo que se obtiene de las vacas lecheras, y la cantidad tampoco es tan alta. Sin embargo, incluso si no está a la venta, todavía puede ordeñar su vaca de ternera y disfrutar de la lechería con su familia.

Dicho esto, ordeñar vacas de vacuno tiene sus beneficios y sus desventajas.

Por qué producción de leche en vacas de ternera es alta

Si una vaca de ternera produce mucha leche, su ternero estará suficientemente alimentado y nutrido. Esto es genial para la salud del ternero. También es bueno porque los terneros que se alimentan con suficiente leche al principio de la vida alcanzan un peso más pesado al destete del tiempo. Un estudio del estado de Oklahoma confirmó que más leche se traduce en 13 kilos adicionales de peso de destete para los terneros.

Aun así, la alta producción de leche en ganado vacuno tiene sus desventajas

Incluso con el beneficio de un mayor peso para los terneros, todavía hay razones importantes por las que los agricultores podrían preferir niveles más bajos de producción de leche en sus vacas de vacuno.

En tiempos de deficiencia de nutrientes, el cuerpo de una vaca canalizará la energía generada en tres áreas principales: mantenimiento corporal, lactancia y reproducción. Ahora, mira estas áreas como niveles de una especie. En otras palabras, si no se satisfacen las demandas de un nivel, no se suministrará energía para el siguiente nivel. Por lo tanto, el mantenimiento del cuerpo es una prioridad, y solo si se cumplen los requisitos de energía se suministrará energía para la lactancia. Entonces, solo cuando se cumplan los niveles de energía para la lactancia, la vaca estará biológicamente preparada para reproducirse.

Por lo tanto, es fácil deducir de todo lo que estamos diciendo que las vacas ordeñadoras necesitan mucha energía. Tendrías que ayudarlos a mantenerse al día dándoles alimento en grandes cantidades para que sigan produciendo leche en cantidades suficientes. Es casi imposible criar vacas productoras de leche a base de hierba. Las vacas que se ordenan mucho tienen una condición corporal más pobre en comparación con las que producen cantidades moderadas de leche.

Cómo elegir las mejores vacas de ternera para la producción de leche

Escoger una vaca de ternera basándose en su capacidad de producción de leche requiere que se tengan en cuenta varias consideraciones. Si se decanta por un ordeño pesado, obtendrás un ternero más pesado, lo cual es genial porque son más valiosos. Pero un ordeño pesado es mucho más caro de mantener que un ordeño moderado. Usted debe estar preparado para proporcionar alimentación suplementaria, y eso aumentará sus gastos.

A continuación, se muestra una estimación de la cantidad de alimentos que necesitan varias vacas en las primeras etapas de la lactancia:

- 4,5 litros de leche al día: aprox. 11 kilos de materia seca diariamente.

- 9 litros de leche al día: aprox. 13 kilos de materia seca diariamente.

- 13,6 litros de leche al día: aprox. 14 kilos de materia seca diariamente.

Entonces, si está seguro de que puedes obtener excedentes de alimento baratos, ¿por qué no invertir en una vaca de ternera de ordeño pesado? Pero si la alimentación es cara, podría ser mejor apegarse a una que es moderada en su producción de leche.

Ganado de doble propósito

Como su nombre probablemente ya indica, el ganado de doble propósito se cría tanto para su carne de vacuno como para su leche. En tiempos pasados, las vacas eran de triple propósito: leche, carne de res y trabajo. Pero luego llegaron caballos a la escena, y las vacas podían tomar un descanso.

Las vacas de doble propósito no son tan populares como antes porque los agricultores prefieren razas más especializadas, especialmente porque confundían los propósitos de cría. Surgen preguntas como «¿Qué queremos exactamente de esta vaca y cómo la criamos?». Debido a esta confusión, los agricultores manipularon la reserva genética para producir ganado vacuno de carne de vacuno y ganado lechero específicamente a través de la cría.

Hoy en día, todavía hay algunas razas de doble propósito que se encuentran en la comunidad ganadera. Pero se limitan a pequeños agricultores y pequeñas tierras de cultivo. Las vacas de doble propósito no se encuentran en la industria láctea especializada. Son más adecuados para el pequeño agricultor porque producen más proteínas, más grasa y más litros de leche, todo con un peso corporal magro.

Las vacas de doble propósito funcionan bien para pequeñas granjas porque hacen vacas domésticas ideales. Proporcionarán suficiente leche para alimentar a su familia cómodamente y aún así harán lo suficiente para alimentar a su cría. También casi nunca crecen al tamaño estándar y gigantesco del ganado. Por lo tanto, son más fáciles de albergar, y requieren menos tierra que el ganado vacuno regular.

Puede cruzar ganado para crear una vaca de doble propósito. Si lo hace, sin embargo, es importante mantenerlo en el primer cruce o el segundo como máximo. El mestizaje produce vigor híbrido, lo que le da a la descendencia la ventaja genética que tiene sobre sus progenitores, pero se diluye cuanto más se cruza; por lo tanto, la razón por la que nunca debe ir más allá de un segundo cruce.

Cómo ordeñar una vaca correctamente

Use equipos limpios

Lo mejor es usar un cubo de acero inoxidable para recoger la leche, ya que es más fácil de limpiar y desinfectar. Además, asegúrese siempre de que todas sus herramientas y equipos estén siempre 100% limpios.

Ate su vaca

Si no ata a su vaca, se irá mientras la ordeña en busca del pasto. Una buena manera de atar a su vaca en su lugar es usar un collar o un cabestro.

Ahora, asegúrese de que tenga un refrigerio esperando después de portarse bien durante el ordeño. Usted puede darle heno o una pequeña cantidad de grano como aperitivo para que ella coopere con usted y disfrute de la experiencia de ser ordeñada.

Además, asegúrese de que su puesto es un lugar donde se siente cómoda, y que no le moleste colaborar con usted. Le hará la vida mucho más fácil.

Prepare la ubre

Antes de ordeñar, limpie la ubre con un trapo caliente para eliminar la suciedad, el estiércol, el cabello y los desechos. Esto es importante para evitar que la piel de la ubre se seque y se agriete. Si la ubre se ve seca, puedes aplicar un dip hidratante para rejuvenecer la piel, haciendo más fácil ordeñarla cuando llegue el momento.

Quite cada tetina

Para confirmar que la leche está bien, puede introducir las primeras gotas de leche en una taza o en el suelo. Se llama quitar la tetina. La leche debe ser lisa y blanca sin grumos cuando se expresa.

Debe hacer este desmontaje para cada tetina. Una vez que haya confirmado que la leche es buena, puede ir al siguiente paso antes de ordeñar en el cubo de acero inoxidable.

Aplique desinfectante de pre ordeño

Después de quitar las tetitas, aplique un desinfectante previo al ordeño en las ubres, siguiendo las instrucciones del fabricante. Una vez que termine de aplicarlo, limpie el desinfectante con una toalla limpia y seca.

Exprima la leche

Leche de las ubres en los cuartos delanteros y exprimirlas alternativamente hasta que ambas estén vacías.

Para ordeñar a su vaca, levante las manos a las ubres en el cuarto delantero primero, como si estuviera sosteniendo una taza para beber. A continuación, sostenga cada tetina entre el dedo índice y el pulgar y exprima para sacar la leche. Siga haciendo esto hasta que la ubre esté vacía. Se puede decir fácilmente que la ubre está vacía porque se volverá flácida.

Una vez que se haya asegurado de haber ordeñado todas las tetas de esa ubre, aplique desinfectante post ordeño. ¡Y ya está! ¡Ya terminó!

Capítulo 7: Higiene, salud y mantenimiento del ganado vacuno

Una razón muy importante para prestar atención a la higiene en su práctica de cría de ganado es que tiene un gran impacto en la salud de su ganado. Además, las prácticas higiénicas son importantes para la salud de su cliente.

Sin embargo, reconocemos que muchas enfermedades bovinas podrían no ser el resultado directamente de una mala higiene. Pero cualquiera que sea la causa, las malas prácticas higiénicas pueden exacerbar la situación.

Cualquiera que sea la forma en que lo mire, es muy importante mantener su ganado y sus viviendas limpias.

Higiene del ganado vacuno

Pare ver cómo mantener la higiene en su práctica de ganado vacuno, dividiremos las cosas en las tres etapas de la vida comercial del ganado: cría, vivienda y transporte.

Cría

Hay varias prácticas involucradas en la cría de ganado, o lo que muchos llaman ganadería. Tendrá que alimentarlos y limpiarlos.

También es posible que deba realizar (o hacer que un profesional realice) procedimientos médicos como la transferencia de embriones, la inseminación artificial, el parto o la castración. Todo esto debe hacerse higiénicamente. Veamos cómo.

Alimentación higiénica del ganado

- El Departamento de Agricultura y Desarrollo Rural de Namibia recomienda lavar el contenedor de agua de su ganado una vez cada tres días. En cuanto a su abrevadero de alimentos, puede lavarlo una vez a la semana.

- Antes de lavarse los abrevaderos, primero debe vaciarlos. Necesitará una pala para sacar el agua porque los abrevaderos de comida y agua generalmente no tienen drenajes. Cuando haya terminado de eliminar el contenido, rocíe la vaguada hacia abajo, agregue el jabón para platos y comience a fregar.

- Si puede permitírselo, considere la posibilidad de obtener agua nueva y canales de alimentación en lugar de los usados. Los nuevos canales permanecen más limpios por más tiempo y no se forman algas tan rápidamente.

- Mantenga el agua fresca. Las algas y las amebas no son cosas que su ganado debería estar consumiendo. Así que, una vez que se da cuenta de que el agua cambia de color, es hora de tirarla.

● Mantenga el agua y los abrevaderos lejos el uno del otro. Si la vaguada de alimentación está cerca de la vaguada de agua, su ganado podría obtener alimento en el agua y el agua en el alimento, haciendo que ambos se estropeen rápidamente.

Limpieza de ganado

● Puede configurar un sistema de aspersores que rocíe su ganado con agua regularmente. También puede configurar este sistema como parte de su sistema de cuidado de ganado para que todo su ganado esté seguro de pasar regularmente.

● Pero tener su ganado espolvoreado con agua, no importa cuán regularmente, no será suficiente. Así que debe frotarlos una vez a la semana.

● Antes de frotar cualquiera de sus ganados, asegúrese de que esté correctamente retenido. Para ello, necesitará un conducto separado para lavar la cabeza para que la cabeza del animal esté segura mientras frota el cuerpo.

● Comprar cepillos de ganado especiales y champús. No utilice cepillos de fregado multiusos o champú humano porque puede dañarlos.

● Cuando lave su ganado, hágalo de arriba a abajo.

● También debe enjuagarlos de arriba a abajo. Y mientras los enjuaga, deslice las manos por su cuerpo para asegurarse de que todo el jabón se haya ido.

● El ganado prefiere ser bañado en un día cálido, así que considere bañarlos cuando esté caliente al aire libre. No solo estarán más cómodos, sino que también se secarán más rápido.

Procedimientos médicos higiénicos

Si emplea los servicios de un veterinario para todos sus procedimientos médicos, los procedimientos médicos siempre serán higiénicos.

Pero no hace daño saber cómo deben ser los procedimientos higiénicos. Además, reconocemos que llevar a cabo una pequeña práctica podría requerir que usted haga procedimientos médicos por su cuenta. Por lo tanto, aquí hay varias cosas para tener en cuenta.

- Asegúrese de que todas las vacas estén vacunadas cada año. Si cría un animal enfermo fracasará.

- Asegúrese de tener siempre a mano un botiquín de primeros auxilios. Y esterilice su kit y otros artículos después de cada uso.

- Si alguno de su ganado cae en una zanja y resulta gravemente herido o se lesiona de otra manera, atienda inmediatamente la herida. Usted no quiere arriesgarse a una infección.

- Cree un espacio separado para el parto. No tiene por qué estar en una habitación diferente si no tiene el lujo del espacio, pero debe estar lejos de las salas de estar regulares. Además, amueble el espacio con paja limpia y fresca antes de que su vaca dé a luz.

Vivienda

Es importante limpiar la vivienda de su ganado. Hay que tener en cuenta que su ganado hace caca por todas partes.

Si tiene mascotas vivas, es posible que tenga una pequeña idea de lo que se necesita para limpiar los cuartos de su ganado. Con eso en mente, veamos qué hay que hacer:

- Una de las cosas más importantes que debe hacer en la limpieza de las viviendas de su ganado es palear la caca. Su ganado no debe estar viviendo en su propia inmundicia. Por lo tanto, es una práctica normal palear la caca todos los días.

- Sin embargo, palear la caca no será suficiente. Tendrá que ir un paso más allá para desinfectar los pisos. Asegúrese de que cualquier desinfectante que utilice sea seguro tanto para usted como para su ganado. También desea estar seguro de que el desinfectante es versátil (puede matar una variedad de bacterias) y funciona rápidamente. Tampoco debe contener componentes que no sean compatibles con ciertos materiales de construcción.

- Si usa camas de paja, cámbiela una vez cada cuatro o cinco días. Si utiliza camas de arena, cámbiela en cuando observe una capa oscura de arena a través de la parte superior.

- Si su ganado come en sus puestos, es posible que deba limpiar los puestos todos los días para librarlos de los excrementos.

- Asegúrese de que su ganado tenga un amplio espacio vital, ya que apretarlos conducirá a la rápida propagación de infecciones, enfermedades, lesiones y problemas respiratorios y generalmente es simplemente incómodo.

Transporte

- Debe asegurarse de que los camiones que utiliza para transportar su ganado se limpien regularmente. Tiene que limpiar su camión después de cada viaje.

- No transporte vacas enfermas con las sanas. Si necesita llevar uno al veterinario porque está enfermos y otro para ser vacunado, es posible que necesite más de un viaje para eso.

- Asegúrese de que sus camiones estén correctamente ventilados.

- Asegúrese de que su ganado no se queda en el camión durante largos períodos de tiempo y que tienen acceso a alimentos, agua y aire fresco. Los alimentadores portátiles y los cuencos de agua son útiles.

- Si está transportando recién nacidos, utilice una carretilla desinfectada o un taxi de becerro. Lo mejor es conseguir un nuevo taxi de becerro para transportar a su nuevo ternero.

Salud del ganado vacuno de vacuno

Si bien una higiene adecuada ayudará a mantener su ganado sano y bien, las vacunas y una comprensión de los problemas de salud a los que el ganado es propenso también son importantes. Ambos temas son los que exploraremos en esta sección.

Problemas de salud del ganado

Su ganado podría ser presa de enfermedades, parásitos e intoxicación alimentaria. Echemos un vistazo a estos específicamente:

Enfermedades comunes del ganado

Putrefacción de cola

La putrefacción de la cola es lo que parece: pudrirse de la cola. Lo más probable es que sea el resultado de que un animal siga usando su cola para aplastar a las moscas, aunque su cola haya sido herida, rota o dislocada.

E más frecuente en las zonas húmedas, y durante la temporada de lluvias a medida que los pisos se vuelven resbaladizos. También es más frecuente en lugares con muchos árboles porque el ganado puede golpear sus colas violentamente contra los árboles a medida que pasan.

Para prevenirlo: Debe deshacerse de todo, y cada situación en la que su ganado puede golpear su cola contra o que podría tropezar con ellos. Además, vacunar a su ganado contra el tétanos se asegurará de que no sean susceptibles al tétanos si se rompen la cola.

Para tratar la putrefacción de la cola: Debe vacunar al animal contra el tétanos. Además, el animal podría necesitar que le amputaran la cola. Si el flujo sanguíneo a la parte lesionada de la cola está completamente bloqueado, es posible que la amputación no sea necesaria, ya que eventualmente se secará y se caerá.

Akabane

El akabane es una enfermedad que causa deformidades en los fetos de ganado. Es causada por un arbovirus, y no tiene síntomas clínicos. Se propaga por insectos que alimentan la sangre (más comúnmente mosquitos), y afecta el sistema nervioso de un feto.

Para prevenir akabane: La única manera de prevenirlo es matar los insectos de su área. Además, exponer una manada a un lugar donde el akabane es endémico puede ayudar a la manada a obtener inmunidad.

Botulismo

El botulismo es una enfermedad bacteriana que afecta al ganado y es causada por la bacteria Clostridium Botulinum.

Las bacterias prosperan en plantas en descomposición y cadáveres de animales y en ambientes húmedos. Produce esporas que, si están en el entorno adecuado, sobrevivirán durante mucho tiempo.

Un animal puede infectarse consumiendo cualquier cosa que haya sido infectada con las esporas o que haya estado en contacto con cadáveres infectados.

Los síntomas incluyen parálisis de los músculos faciales y las extremidades. Y la muerte puede ocurrir de 1 a 14 días después de los primeros síntomas.

Los seres humanos también pueden contraen una infección por botulismo, pero esto no será el resultado del contacto con un animal infectado, sino del consumo de alimentos y/o bebidas infectadas.

Para prevenir el botulismo: Asegúrese de que su ganado esté inmunizado rápidamente contra el botulismo. Además, deseche correctamente los cadáveres y huesos de su propiedad.

Para tratar el botulismo: Si nota inmediatamente que un animal ha consumido una sustancia infectada, purgar ese animal podría funcionar, pero el pronóstico para el botulismo no es bueno, y el ganado infectado generalmente muere.

Stringhalt en ganado vacuno

El stringhalt en el ganado es una dislocación de rodilla donde el ligamento interior se engancha sobre la rodilla en la parte superior. La pierna afectada estará recta, y el animal deberá arrastrar esa pierna hasta que el ligamento se libere, y el animal pueda caminar libremente.

Esta enfermedad es casi siempre genética. Y aunque una mala nutrición podría hacer la condición más evidente, por lo general no es la causa.

Si ocurre de repente, stringhalt podría ser el resultado de una lesión o una deficiencia de fósforo y calcio.

Para prevenir stringhalt: No se reproduzca con toros que tengan stringhalt. Ahora, puede ser difícil detectar esto en ganado que son de salud óptima, por lo que debe hacer una selección muy cuidadosa cuando es hora de reproducirse.

Para tratar el stringhalt: Muchos criadores de ganado toman su ganado para una cirugía para tratar la rodilla afectada, pero la mayoría de la gente eutanasia al animal.

Enfermedad de tres días/fiebre efímera

La enfermedad de tres días es una enfermedad viral transmitida por mosquitos. Es frecuente durante la temporada de lluvias cuando los mosquitos tienen amplias oportunidades de reproducirse.

La enfermedad de tres días generalmente presenta signos leves como fiebre, cojera temporal y secreción de ojos y nariz, signos moderadamente graves como articulaciones hinchadas, depresión e hinchazón subcutánea, y signos graves como parálisis y coma.

La mayoría de las veces, estos síntomas desaparecen después de tres días, y el animal afectado vuelve a la normalidad, pero también existe una posibilidad significativa de que el animal afectado muera antes de que los síntomas desaparezcan.

Para prevenir la fiebre efímera: Se puede administrar una vacuna al ganado para mantenerlos inmunes. Tendrán que tomar dos dosis, con cuatro semanas de diferencia.

Para tratar la fiebre efímera: Los animales generalmente se recuperan por sí solos, así que lo mejor que puede hacer es asegurarse de que estén cómodos, debidamente hidratados y bien alimentados.

Parásitos comunes del ganado

Garrapatas

La fiebre de las garrapatas es causada por la exposición a estos parásitos sanguíneos. La fiebre de las garrapatas puede ser mortal, y si no lo es, puede conducir a otras complicaciones como el aborto de una vaca embarazada, la infertilidad durante un período con toros y la eventual pérdida financiera para usted.

El ganado que tiene fiebre de las garrapatas puede experimentar una pérdida de apetito, debilidad general del cuerpo y/o depresión. El ganado entre las edades de 18 y 36 meses es más propenso a una infección por fiebre de las garrapatas.

Para prevenir la fiebre de las garrapatas: Si el ganado está expuesto a los parásitos entre las edades de 3 y 9 meses de edad, podrían desarrollar una inmunidad duradera contra la fiebre de las garrapatas.

Para tratar la fiebre de las garrapatas: Si sospecha que alguno de sus ganados tiene fiebre de garrapatas, consulte a su veterinario para obtener diagnóstico y tratamiento.

Gusanos

Si los gusanos se han convertido en un problema con la manada, podría ser difícil reconocerlo porque la expresión externa de los síntomas es similar a la mala nutrición.

Debe medir el huevo por gramo (EPG) de estiércol. Así que, si revisa el estiércol de su ganado, y hay más de 200 EPG, es posible que tenga un problema.

Si es así, es probable que tenga que administrar ciertos productos químicos a su ganado para deshacerse de sus sistemas de parásitos, incluidos los gusanos.

Pero, como este es un tema sensible, considere consultar con su veterinario si sospecha que hay una infección de gusanos entre su manada.

Intoxicación alimentaria

Intoxicación por granos

Esto sucede cuando el ganado consume grandes cantidades de grano que no debería haber comido por varias razones. Es más probable que ocurra si cambia su ganado de pasto a grano o si su ganado accidentalmente tiene acceso al grano.

Un animal con un caso de intoxicación por granos puede mostrar algunos de estos síntomas:

- Pérdida de apetito
- Depresión
- Diarrea
- Heces malolientes
- Aumento de la frecuencia cardíaca
- Distensión abdominal
- Muerte eventual

Para prevenir la intoxicación por granos: Introduzca lentamente el grano en la dieta de su ganado. Comience por mezclarlo en pequeñas cantidades con lo que ya los alimenta.

A continuación, reduzca progresivamente la cantidad de sus alimentos viejos y reduzca la cantidad de los granos antes de eliminar por completo los viejos. Además, mantenga el grano fuera del alcance de su ganado.

Para tratar la intoxicación por granos: Si alguno de sus ganados acaba de comer una gran cantidad de grano y cree que hay un riesgo de intoxicación, alimentarlo inmediatamente con heno puede potencialmente ayudar a que se recupere.

De lo contrario, usted puede considerar el sacrificio, como matar al animal antes de que se desarrolle acidosis podría ser la decisión más sabia financieramente.

Intoxicación por urea

La intoxicación por urea es causada por el consumo excesivo y/o irregular de urea. Un animal con un caso de intoxicación mostrará algunos de estos síntomas:

- Los músculos faciales tiemblan
- Rechinar de dientes
- Dolor abdominal
- Distensión abdominal
- Debilidad
- Respiración rápida
- Espasmos
- Y eventual muerte (generalmente cerca de la fuente de la urea)

Para prevenir la intoxicación por urea: Asegúrese de que su ganado no tenga acceso a la urea.

Para tratar la intoxicación por urea: Consulte a su veterinario si sospecha que alguno de sus ganados tiene un caso de intoxicación.

Intoxicación por cianuro y nitrato

Su ganado puede recibir cianuro e intoxicación por nitrato de cultivos de sorgo. Estos cultivos son generalmente seguros de consumir, pero a menudo liberan toxinas en climas calurosos cuando se han estresado.

Un animal con un caso de cianuro o intoxicación con nitrato expondrá algunos de estos signos:

- Respiración dificultosa
- Membranas mucosas rojas brillantes
- Debilidad muscular
- Convulsiones
- Muerte

Para prevenir la intoxicación por cianuro y nitrato: Si sospecha que alguno de sus bovinos está enfermo o ha muerto de intoxicación por cianuro o nitrato, elimine cualquier fuente de cianuro y/o nitrato en la alimentación de su ganado y consulte con su veterinario.

Para tratar el cianuro y la intoxicación por nitrato: ¡Consulte a su veterinario!

Vacunación

Para mantener su rebaño sano y evitar que sean susceptibles a enfermedades, vacune su ganado.

Ahora, hay varias vacunas que el ganado necesita tomar por varias razones, y usted debe consultar con su veterinario para conocer las específicas de su rebaño y ubicación. Por lo general, el ganado debe recibir estas vacunas:

- **Enfermedades clostridas como el tétanos:** Se deben administrar dos vacunas con 4 a 6 semanas de diferencia como un "paquete" de 5-1 si quiere asegurarse de que su manada tenga su primera oportunidad ya a los 6 meses de edad. A continuación, puede administrarlo como lo considere.

- **Enfermedad de tres días:** Se deben administrar dos vacunas de 4 a 6 semanas de diferencia. Por lo general, es demasiado caro vacunar a toda su manada, así que considere vacunar solo a aquellos valiosos (es decir, los que desea criar, especialmente teniendo en cuenta que los necesita para vivir el tiempo suficiente). Además, debe seguir administrando las vacunas cada año. La primavera es el mejor momento para hacerlo.

- **Botulismo:** Dependiendo de la vacuna, es posible que deba administrar una o dos vacunas con diferencia de 4 a 6 meses. Estos tendrán que administrarse cada año, pero no lo administren simultáneamente, ya que está administrando otra vacuna.

- **Fiebre de las garrapatas:** Una oportunidad única. Si está introduciendo ganado procedente de un área donde la garrapata no es frecuente, administre una segunda inyección al nuevo ganado. Dicho esto, considere administrar una vacuna temprano, digamos alrededor de 3 a 9 meses de edad.

Garantizar la higiene y la salud de su ganado es importante para su negocio, pero más importante, para la comodidad y el bienestar de su ganado. Por lo tanto, preste atención a las cosas mencionadas en este capítulo y asegúrese de tener el contacto de un veterinario de confianza.

En el siguiente capítulo, entramos en los detalles de los diferentes géneros en su manada.

Capítulo 8: Toros y novillos

Mientras que los toros y novillos son ganado bovino macho, no son lo mismo. Y la diferencia entre ellos se insinuó en el primer capítulo. Pero en este capítulo, expondremos esas diferencias y explicaremos cómo afectan su práctica.

Toros

Básicamente, los toros son ganado bovino macho maduro utilizado para la cría. Todos los bovinos macho nacen como terneros de toro.

A continuación, tendrá que examinar cuidadosamente esos terneros para decidir si tienen características que desea ver en su ganado.

Si lo hacen, mantenlos intactos y úsalos para criar tus vacas. Pero si no lo hacen, cástrelos.

Novillos

Los novillos son animales bovinos macho castrados; sus testículos han sido retirados mientras su pene permanece intacto.

Castrar un animal bovino macho que no quiere criar evitará que sean agresivos, especialmente cuando las vacas están en celo. Así que, a menos que sea necesario que tenga toros, castre su ganado macho.

Ahora que tenemos eso resuelto, exploremos las diferencias entre toros y novillos.

Toros contra novillos

Diferencias físicas

Los toros son típicamente los más grandes del ganado, y esto tiene algo que ver con la cantidad de testosterona que producen.

Debido a que los novillos son castrados (y por lo tanto no pueden producir tanta testosterona) a una edad temprana, no crecen para ser tan grandes como los toros.

De hecho, si no fuera por el hecho de que los novillos tienen un pene mientras que las vaquillas tienen una vulva, sería difícil distinguir entre ellos.

Los toros tienen un pene más pronunciado en lugar de novillos y también son más tupidos alrededor de la funda que cubre su pene.

Diferencias de comportamiento

Los toros son generalmente más difíciles de controlar y mantener bajo control que los novillos. Y las cosas podrían empeorar aún más si hay más de un toro en el mismo espacio. Lucharán entre sí por el dominio y podrán transferir su agresión al controlador.

Las cosas pueden escalar aún más si hay una vaca en las cercanías que está en celo y lista para ser criada. Los toros pueden herir fácilmente a una persona que trata de alejarlos de su preciosa hembra.

Esto no significa que los toros sean imposibles de controlar. Después de todo, hay prácticas donde los toros son criados. Pero si quiere criar toros, habrá que tener especial cuidado.

Los novillos, por otro lado, son generalmente más fáciles de domar, especialmente teniendo en cuenta que no son tan grandes como los toros.

Además, los novillos tienen sus impulsos sexuales reprimidos debido a la castración. Son menos propensos a causar peleas con otros animales o incluso su controlador.

Manejo

Debido a las diferencias de comportamiento entre toros y novillos, la forma en que los maneja es diferente. Necesitará ayuda con todo lo relativo a acercarse al toro.

Su toro caminará a través de un canal de sujeción muy bien. Es posible que necesite tener a alguien cerca en caso de que necesite ayuda.

Es importante tener en cuenta que con los toros una puerta de la cabeza podría no ser suficiente para mantenerlos quietos. Debe, casi siempre, emparejar la puerta de la cabeza con un conducto de presión cada vez que esté haciendo procedimientos veterinarios en ellos.

Ahora, para los novillos, es importante recordar que, si bien se les han extirpado los testículos, no son completamente inmunes a un comportamiento agresivo. Por lo tanto, usted no quiere tratar a un novillo como si fuera inofensivo.

Sin embargo, manejar un novillo es algo que casi siempre puede hacer por su cuenta a menos que ese novillo tenga un temperamento violento.

También puede tener solo una puerta de contención en la cabeza.

Calidad de la carne

Debido a que los novillos no se utilizan para la cría, por lo general se crían para la carne. La carne de res que está acostumbrado a comer es más probable que provenga de novillos o vaquillas.

Ahora, la diferencia entre la calidad de la carne de un novillo y la carne de un toro está relacionada con la edad del animal.

En general, tanto un novillo como un toro joven (de 12 a 14 meses de edad) le ofrecerán aproximadamente la misma calidad de carne, lo cual es bueno. Pero, a medida que envejecen, la calidad de la carne de res que producen decae (lo que tiene sentido).

Pero la calidad de la carne de toro en realidad se deprecia más rápido que la de los novillos. Por lo tanto, la carne de res de un novillo más viejo es más tierna y probablemente más jugosa que la de un toro más viejo porque los novillos tienen niveles más bajos de testosterona.

¡Y una cosa más! Debido a que los toros son considerablemente más grandes que los novillos, obtendrá mucha más carne de toros que de novillos.

El estilo de vida de los toros

Los toros son criados para ser criadores. Y cuando los toros no "están trabajando", básicamente simplemente se relajan comiendo y generalmente disfrutando.

Es importante que los toros coman bien y descansen, ya que pueden perder peso significativo cuando están "trabajando".

Sin embargo, el primer paso para la cría es recoger el toro correcto. Este es un paso muy importante porque los terneros obtienen un enorme 65% de sus genes de su progenitor. Así que tenga cuidado cuando elija su toro.

Elegir un toro

Hay dos maneras de elegir un toro: criar su propio toro o comprar uno de los expertos que se especializan en toros.

Ahora, para llevar a cabo una operación de cría de vacas donde habrá un montón de vacas y vaquillas, se recomienda que compre a un especialista en toros o la inseminación artificial en parte por todo lo que se ha mencionado sobre la actitud de los toros.

Pero una razón más importante es la posibilidad de la reproducción entre ellos. Si cría sus propios toros, podría fertilizar a su hermana, tía o prima o hija. Y el mestizaje no es una buena idea porque el ternero podría terminar con muchas complicaciones médicas.

Un toro puede servir hasta 25 vacas durante todo el periodo de cría (que dura entre 5 y 6 meses).

Así que, si tiene una pequeña granja, un solo toro debería ser suficiente. No hay necesidad de saturarla demasiado con toros y causar molestias.

Dicho esto, si tiene vacas de tamaños significativamente diferentes, permitir que un toro grande fertilice una vaca pequeña puede ser peligroso para la vaca y el ternero en el parto. Si todas sus vacas son grandes, un toro grande estará bien.

Suelte al toro

El siguiente paso es soltar el toro entre las vacas. El toro conoce su camino alrededor de una vaca madura y caminará hasta 10 millas para mostrar a la vaca.

Sin embargo, los terneros nacen mejor durante la primavera y el otoño porque el clima es justo en ese momento. Puede usar esos meses para permitir que su toro fertilice a las vacas. Esto debería darle un período de cinco meses para que el toro haga su trabajo.

Retirada del toro

Generalmente, los toros pueden reproducirse cuando tienen unos nueve o diez meses y pueden seguir adelante hasta los 11 o 12 años.

Siendo realistas, es posible que su toro necesite ser retirado después de cinco o seis años de servicio activo. Pueden surgir varios problemas, como problemas estructurales (un problema con las pezuñas que dificultan la posición de un toro o un problema que impide que el pene se extienda correctamente), que dificultan que el toro se aparee. Luego también está la infertilidad, lo que hace imposible que el toro se reproduzca.

Por lo tanto, considere trabajar alrededor de 5 de 6 años si está elaborando un "plan de cría" y maximizar ese período de tiempo tanto como sea posible.

Cuando es hora de que su toro se retire, puede permitir que viva su vida o sacrificarlo. Cuanto más viejo sea el animal, menos calidad de carne ofrece.

El estilo de vida de los novillos

Que no esté criando novillos no significa que no deba cuidar a aquellos con buenas cualidades.

Si está comenzando su propia práctica, priorice la propensión a un aumento de peso saludable y la producción de carne tierna. La razón por la que quiere conseguir el mejor toro para que sus vacas puedan producir los mejores terneros.

Por lo tanto, si usted está empezando a comprar terneros, busque lo mejor. Pida ver al progenitor de los terneros para estar seguro.

Ahora, el ciclo de vida de un novillo se puede ver en dos etapas básicas: la etapa de crecimiento y la etapa final.

La etapa de crecimiento

Si está empezando su práctica comprando vacas y toros y luego criándolos, comenzará su cría de novillos en la etapa de crecimiento, que es básicamente el tiempo desde el nacimiento hasta la madurez, cuando tus novillos se están desarrollando física, mental y sexualmente.

Si usted está comprando sus novillos como terneros, cómpralos justo después de que hayan sido destetados para evitar las complicaciones de cambiar repentinamente las fuentes de leche.

Por lo general, es menos costoso comprar novillos como terneros que como adultos, pero mucho más caro cuidarlos porque los tendrá más tiempo.

Lo mismo ocurre con la cría de sus propios terneros. Tendrá que darles de comer y darles las tomas que se mencionaron en el capítulo anterior cada año.

Sin embargo, hay ventajas para comprar terneros o criarlos. Lo más importante es que sabe qué tipo de novillos quiere criar, y como los ha tenido desde el nacimiento puede adaptar su comida y cuidado general a lo que tenga en mente.

La etapa de crecimiento (desde el nacimiento hasta los 9 meses de edad) es una etapa muy delicada. Es el período en el que muchas de las enfermedades y parásitos suelen atacar.

Por lo tanto, para obtener carne de res de calidad de sus novillos, présteles atención durante estos meses.

La etapa final

Si prefiere no pasar por el estrés de criar terneros y no está listo para invertir tanto dinero en el cuidado de por vida, puede comprar un novillo adulto.

Cabe mencionar, sin embargo, que los adultos adultos son mucho más caros de comprar que los terneros. Sin embargo, seguro que son mucho menos caros de criar que los terneros.

Los novillos que están en la etapa final son básicamente solo ganado adulto que necesitan ser engordados para traer el dinero cuando se sacrifican.

Ahora, a diferencia de los toros, los novillos no tienen que "trabajar". Solo deben comer, vacunarse adecuadamente y mantenerse saludables para que cuando sean sacrificados traigan mucho dinero.

Ahora que sabe cómo trabajar con los diversos hombres de su manada y entender en qué se traducen esas diferencias, echemos un vistazo a las hembras de la manada.

Capítulo 9: Vacas y novillas

En el capítulo uno, explicamos que no todos los ganados son vacas. También enumeramos a los diferentes miembros de la comunidad de pastoreo. En este capítulo, al igual que hicimos en el último, nos centraremos en un par de miembros de rebaños: las novillas y las vacas.

Como hemos visto en el primer capítulo, las novilladas y las vacas son hembras, pero las novillas no han tenido su primer ternero, mientras que las vacas han tenido al menos un ternero. Esta es una explicación muy rudimentaria, y hay mucho más que saber sobre vaquillas y vacas. Pero primero, averigüemos las diferencias anatómicas entre vacas y novillas.

Diferencias anatómicas entre vacas y novillas

Vacas

Las vacas son ganado hembra maduro, y la forma más fácil de detectarlas en una manada es mirar entre las patas traseras. Si hay una ubre, entonces se trata de una vaca.

Una ubre es un órgano rosa similar a un saco que cuelga de la parte inferior de una vaca. Las cuatro tetas de la ubre se asemejan a perillas cilíndricas de las que se expulsa la leche. Por lo general, casi siempre encontraría un ternero al lado de una vaca, excepto donde los terneros acaban de ser destetados de la leche de su madre.

Ahora, a su apariencia física. Las vacas suelen ser lisas de la cabeza a la cola. No tienen crestas de hombro prominentes como suelen tener los toros, y sus hombros y caderas no son tan musculosos como los toros.

Otra forma de saber si es una vaca es mirar bajo la cola. Las vacas tienen una hendidura debajo de la cola. Esta es la vulva, y se encuentra debajo del ano. Es a partir de aquí que la vaca orina, se aparea con el toro durante la cría, y empuja a los terneros. Aunque tanto las vaquillas como las vacas tienen vulvas, la vulva de una vaca es mucho más grande y mucho más definida que en las vaquillas.

Vaquillas

Las novillas suelen ser ganado hembra joven que nacieron siendo hembras (llamadas terneros de vaquilla) y conservaron sus características femeninas hasta la edad adulta. Estas dos condiciones deben cumplirse para que un bovino sea considerado una vaquilla, ya que hay casos en los que un ternero nace hembra, pero crece para desarrollar características masculinas secundarias. Este tipo de ganado no se llama vaquillas, sino freemartins.

La mayoría de los criadores de ganado experimentados pueden distinguir fácilmente una vaquilla de una vaca con solo mirarla. Se dan cuenta del tamaño y la juventud del animal y pueden saberlo inmediatamente. Para un ojo inexperto, sin embargo, no es tan fácil. Las vaquillas son típicamente ganado joven cultivado más allá de la etapa de ser terneros, pero todavía en el camino a la plena madurez, que por lo general se alcanza a los 3 o 4 años.

Anatómicamente, las vaquillas no tienen pelo pequeño, una vaina o un saco entre sus piernas como novillos y toros. Tienen ubres, pero las ubres están casi ausentes, y las tetas son casi imposibles de ver, incluso entre las patas traseras.

Al igual que las vacas, las vaquillas tienen una vulva bajo la cola, debajo de su ano. Sin embargo, no es tan pronunciado o tan grande como una vaca madura. Para cuando se cría la vaquilla y está a punto de calve, la vulva y la ubre aumentan de tamaño, parecido a lo que se ve en las vacas más maduras. La ubre todavía no es tan grande como una vaca madura hasta que la vaquilla se ha caldo.

Las vaquillas que nunca han disminuido para cuando son mayores de dos años de edad se llaman novillas, mientras que una vaquilla que lleva su primer ternero se llama vaquilla criada.

Una palabra sobre la crianza de vacas

Usted puede criar una vaca para cualquiera de dos propósitos: por su carne o por su leche. Sea cual sea el camino que elija, su elección afectará la forma en que cría su ganado. Permítenos darle un consejo. Para un pastor a pequeña escala, criar una vaca para su leche no es una inversión sabia.

Por lo general, después de que una vaca ha tenido a su bebé y puede producir leche, seguirá amamantando si sigue ordeñando. Puede ordeñar una vaca durante unos dos años antes de que la ubre finalmente se seque por completo, incluso si no tiene otro ternero durante este tiempo. Pueden surgir problemas al tratar de vender la leche debido a numerosas reglas y regulaciones en torno a la producción de productos lácteos.

Por ejemplo, en 13 estados de Estados Unidos, usted es libre de vender leche cruda en una tienda minorista. En otros 17, puede vender leche cruda en sus instalaciones, y 8 estados solo le permiten vender leche a través de acuerdos de cuota de vaca. Un acuerdo de participación de vacas es cuando a los dueños de vacas se les paga dinero para abordar, alimentar y luego ordeñar su ganado. Sin embargo, en 20 estados, sigue siendo ilegal vender leche cruda directamente de la granja y sin pasteurizar. En estos estados, solo se puede ordeñar su vaca para uso personal.

Ahora, antes de que diga que eso no parece una mala idea, considere esto. Mantener una vaca ordeñadora no es barato, y si no está vendiendo la leche, criar una vaca para hacer lácteos para uso de subsistencia no se haría con un propósito económico, ya que gasta más de lo que ahorra.

Es cierto que su vaca puede darle exceso de leche, mucho más de lo que puede consumir, y no tendrá que comprar leche. ¿Pero cuánto está ahorrando realmente? Cuatro litros de leche valen de aproximadamente $3.00. En promedio, está comprando unos ocho litros al mes, ¿verdad? Son $6.00. ¿Cuánto está ahorrando entonces de verdad?

Tal vez, para complementar eso, también se puede procesar su leche en queso y mantequilla. Pero a pequeña escala, criar vacas por su leche todavía tiene más inconvenientes que beneficios.

Esta es la razón por la que es mejor criar vacas para su carne de res a pequeña escala. Las vacas de res seguirán produciendo leche, aunque en cantidades mucho más bajas, y eso será suficiente para las necesidades de su familia.

La elección de vaquillas de reemplazo

En una operación de vaca/ternero, todo pasa por la selección de vaquillas de reemplazo. Su ganado hembra es el futuro de su manada. Si no son seleccionadas cuidadosamente, pueden causar muchos problemas.

Lo primero que debe considerar es el peso de destete peso porque la pubertad y el peso son dos factores estrechamente relacionados con el ganado femenino. Lo mejor es diferenciar a los terneros más pesados y ligeros, pensar en el 1% superior y el 25% más bajo, respectivamente. Si bien quiere vaquillas pesadas, las vaquillas demasiado pesadas podrían ser demasiado grandes para su medio ambiente, especialmente si es un granjero a pequeña escala.

Ahora, al seleccionar, asegúrese de elegir en función de su peso de destete real. Es importante hacer esto porque va a desarrollar su programa de alimentación basado en su peso destete. Esto les ayudará a llegar a la pubertad (aproximadamente dos tercios de su peso adulto) a tiempo.

Otros factores que desea examinar antes de seleccionar una vaquilla de reemplazo es la complexión de su cuerpo. Mire sus pies, sus piernas y su tipo de cuerpo. Además, eche un vistazo a su disposición. No se olvide de conocer a su madre, ya que eso le dará una idea de cómo será la vaquilla cuando se convierta en madre.

La relación entre alimentar novillas y el tiempo de parto

Ahora, lo que está a punto de leer puede sonar superraro y poco científico, pero está probado. Para evitar que una vaca se ponga de parto por la noche, la forma más práctica y fácil de hacer que eso suceda es alimentar a sus vacas por la noche. Los expertos no pueden explicar la ciencia detrás de esto, pero piensan que las hormonas podrían estar involucradas.

Se ha llevado a cabo una investigación para estudiar la motilidad del rumen. A partir de este estudio, a medida que se acerca el tiempo de parto, se reducen las contracciones de rumen. La caída de las contracciones comienza unas dos semanas antes de nacer y luego cae más rápidamente durante el parto. ¿Cómo se relaciona esto con la alimentación por la noche? Bueno, se han establecido vínculos entre la alimentación nocturna y el aumento de la presión intraluminal por la noche con una disminución durante el día.

Varios estudios han demostrado este fenómeno, pero nos centraremos en uno en esta ocasión. En Iowa, había 1331 vacas de 15 granjas. Estas vacas fueron alimentadas solo una vez al día y solo al atardecer. Cuando era hora de parto, el 85% tenía a sus bebés entre las 6:00 a. m. y las 6:00 p. m. No importaba si las vacas comenzaban el programa de alimentación nocturna una semana antes del parto o dos o tres semanas antes del parto. ¡La mayoría tenían sus terneros durante el día!

Lograr la alimentación nocturna para una manada grande en un rancho grande podría ser difícil y requeriría un proceso más sofisticado, pero es más fácil para las granjas más pequeñas. Los ranchos grandes lo tienen un poco más difícil. Una manera de facilitar a los grandes ranchos es que los gerentes alimenten a las vacas más temprano en el día y dejen la alimentación nocturna a las vaquillas con sus primeros terneros. Usted quiere dar prioridad a las vaquillas, ya que requieren la observación más cercana durante la temporada de parto. Es su primera vez, ¿recuerda?

El problema del gemelo

Cuando se trata de un parto de terneros gemelos hay cosas para tener en cuenta. Si son géneros diferentes, la vaquilla (freemartin, más correctamente) se ve afectada por las hormonas masculinas de su hermano gemelo. Esto hace que el parto sea imprevisible, pero cuando los gemelos son ambas novillas, no hay interferencia de testosterona. Por lo tanto, ambas vaquillas deben salir bien con sus habilidades reproductivas intactas.

Vaquillas de repuesto: Para comprar o para recaudar

La decisión entre comprar y criar su vaquilla de reemplazo es algo con lo que muchas personas han intentado ayudar a los ganaderos, pero no hay una sola respuesta. Solo usted tiene la mejor. Estos son algunos factores que desea considerar al decidir entre comprar o aumentar su vaquilla de reemplazo.

Tamaño de rebaño

¿Cómo afecta el tamaño de la manada en su elección entre comprar una vaquilla de reemplazo o criar una? ¿Y cuál es lo más inteligente económicamente? ¿Criar estas vaquillas o comprarlas?

Para los pastores a pequeña escala, comprar las vaquillas de reemplazo podría ser más rentable que criarlas debido a economías de escala. Pero a los agricultores a gran escala les podría resultar más económico aumentar las vaquillas.

Pero incluso los agricultores a gran escala todavía prefieren comprar sus vaquillas de reemplazo en lugar de criarlas. Esto libera recursos y tiempo, que pueden canalizar a otras áreas más apremiantes en su granja.

Instalaciones y pastos

Las vaquillas son más exigentes de manejar que las vacas, tanto financieramente como de otra manera. Usted debe considerar esto también al decidir comprar o elevar las vaquillas de reemplazo.

Las vaquillas necesitan ser manejadas por su cuenta lejos de los otros miembros de la manada si quieren alcanzar su nivel máximo de madurez para la cría. Y es necesario comenzar esta gestión separada cuando el ternero de vaquilla se desteta, especialmente dentro de las primeras dos o tres semanas de destete. Durante este período, su ternero de vaquilla es muy vulnerable a las enfermedades; por lo tanto, usted debe darle una atención especial extra. Si usted no cuida el desarrollo de sus novillas cuidadosamente, no alcanzarán la pubertad y estarán listas para reproducirse a tiempo, que generalmente debe ser cuando tienen entre 14 y 15 meses de edad.

Otro aspecto de la cría de vaquillas es la alimentación. Las necesidades nutricionales de las vaquillas crecientes son diferentes de las necesidades nutricionales de otros miembros de la manada. Para el destete y el desarrollo de sus vaquillas de reemplazo correctamente, debe proporcionar más pastos. Debe conseguir un corral seguro para proteger las vaquillas del toro antes de su temporada de cría.

Teniendo en cuenta todo lo que acabamos de mencionar, es fácil ver que manejar vaquillas es difícil, y no hay accesos directos. Si decide criar solo vaquillas afectará su productividad a largo plazo. Pero si usted compra su vaquilla de reemplazo en su lugar, usted proporciona más pastos para alrededor de un 10% más de ganado.

¿Puede permitirse criar más vaquillas de las necesarias?

Si cria a sus vaquillas de reemplazo, recuerde que no puede simplemente aumentar el número exacto de vaquillas que necesita porque no todas se mantendrán saludables. Algunas de sus vaquillas podrían tener que ser sacrificadas por varias razones que van desde una estructura pobre hasta un aumento de peso deficiente.

Si aumenta sus vaquillas de reemplazo, considere aumentar al menos un 45% más de vaquillas de las que necesita. Le va a costar más y tendrá que ajustar su capital. En el mejor de los casos, pasará al menos un año antes de que pueda vender las vaquillas que no necesita y recuperar su dinero.

Salud de rebaños

A pesar de la dificultad para aumentar las vaquillas sustitutas, muchos agricultores siguen generando las suyas debido a problemas de salud. Si está comprando sus vaquillas de reemplazo, no puede estar seguro de dónde vienen estas vaquillas o a lo que han sido expuestas. Solo tiene la palabra del vendedor. Siempre va a haber un riesgo de introducir una enfermedad extraña en su manada. Una manada enferma es un gran problema que quiere evitar. Y si estamos siguiendo el más alto nivel de bioseguridad, entonces usted quiere mantener una manada cerrada, lo que significa que usted debe criar su propia vaquilla de reemplazo.

Pero si prefiere comprar el animal, entonces siga estos pasos:

• Asegúrese de comprar solo vaquillas de una fuente confiable con una factura de salud limpia. Si no está seguro de qué cuidar, reúnase con su veterinario local para darle los criterios de salud que la vaquilla debe cumplir.

• Ponga siempre en cuarentena a animales recién comprados.

• Siga siempre su programa de vacunación.

Base genética

La demanda de carne de vacuno de alta calidad está aumentando, y con la carne de vacuno, la calidad aumenta y cae en la genética. La genética de una vaca puede afectar la rentabilidad de su rebaño durante más de diez años, ¡incluso hasta 14!

El gasto de sus vaquillas de reemplazo es superior cuando las compra. Como productor, puede seleccionar ganado basado en rasgos específicos de rendimiento o maternidad para ser sus vaquillas de reemplazo.

Además, y aún más importante, puede seleccionar los terneros más pesados nacidos en los primeros 60 días en la temporada de partos. Esas vaquillas tienen una mayor probabilidad de alcanzar su peso óptimo por la aparición de la pubertad. Además, suelen provenir de las vacas más fértiles capaces de concebir en los primeros días de la temporada de cría. Y si hay vaquillas que no conciben, criar sus vaquillas de reemplazo significa que puede tener que sacrificarlas.

¿Esto significa que no puede seleccionar hembras fértiles a través de la compra? No, hay muchas fuentes confiables de las que compras obtener buenas vaquillas. Solo confíe en las fuentes que primen la selección estricta y la genética de calidad.

Si quiere mejorar rápidamente la genética de su rebaño, podría ser una gran idea elegir su vaquilla de fuentes externas. Seleccionar entre fuentes externas también es bueno si su selección de genes es limitada debido a un gran sacrificio debido a la edad o la sequía.

Dificultad en el parto

Hubo un estudio realizado por la Universidad Estatal de Colorado y el Centro de Investigación animal de carne de la Universidad de Nebraska. Según estos estudios, los primeros partos a los dos años tienen dificultades en comparación con las vacas maduras a la edad de tres años. Esta afección se conoce como distocia.

La distocia tiene dos causas principales: el pequeño tamaño de la pelvis en vaquillas inmaduras y el peso al nacer pesado de los terneros. El tamaño pélvico no se puede arreglar, pero se puede hacer algo con respecto a los terneros y su peso al nacer.

El peso al nacer generalmente es causado por la genética del progenitor. Por lo tanto, para reducirlo, puede criar su vaquilla con un toro de bajo peso al nacer o un todo de parto fácil. Esta es una ventaja que solo obtiene si cría su vaquilla.

Si usted está comprando, es posible que no sea capaz de confirmar que la presa fue criada con un toro de parto fácil, pero usted puede mitigar esto mediante la compra de su vaquilla de un proveedor de confianza.

Ahora, recuerde que usar un toro de parto no significa necesariamente que la temporada de partos esté libre de distocia para tus vaquillas. Recuerde que el tamaño pélvico es otro factor que contribuye. Así que, si la vaquilla no está completamente madura para la temporada de partos, todavía podría tener distocia.

Otros factores, como ser un parto primerizo o una presentación incorrecta del ternero, también pueden hacer que la experiencia de vaquilla criada cree distocia.

Por lo tanto, tenga esto en cuenta y considere su capacidad como productor para manejar estos problemas en caso de que surjan. Si no puede, sería mejor comprar una vaquilla de reemplazo.

Dicho esto, echemos un vistazo a las ventajas de cada opción para reemplazar las vaquillas en su manada.

Beneficios de aumentar las vaquillas de reemplazo

Mayor control genético

Supongamos que su programa de cría ya involucra a un par de generaciones seleccionadas específicamente para rasgos maternos como la producción de leche, la facilidad de parto, la fertilidad, el instinto materno y la capacidad de permanencia. En tal caso, obtener una vaquilla de reemplazo de otros lugares sería extremadamente difícil.

Además, encontrar vaquillas con el perfil genético coincidente adecuado para el medio ambiente que maximiza la longevidad puede ser bastante difícil.

Mayor control sobre la salud de los rebaños

Si opera un sistema de rebaño cerrado, es más fácil minimizar las enfermedades dentro de su manada. Enfermedades como la diarrea viral bovina, las enfermedades venéreas y las enfermedades respiratorias se controlan más fácilmente cuando desarrolla sus propias vaquillas de reemplazo en el lugar.

Beneficios de comprar vaquillas de reemplazo

Libera sus recursos

Cuando usted compra sus vaquillas de reemplazo, usted compra solo tantas como necesita. Por el contrario, al criarlas, termina con más de las que necesita porque, al final, la mayoría termina pariendo. Esto consume pastos adicionales, instalaciones, espacio y pienso, que podrían haberse canalizado a la cría de vacas que al final paren.

Toma menos tiempo expandir su rebaño o cambiar un programa de cría

Si expande su terreno de pastos u obtiene acceso a una alimentación más barata, es posible que aumente el tamaño de su rebaño. Para hacerlo rápidamente, su mejor opción es comprar en una fuente externa, ya que criar nuevas vaquillas llevaría mucho tiempo.

También es posible que se abra una nueva ventana de marketing que involucre a una subpoblación genética diferente, y desea explorarla. Sea como fuere, comprar a una fuente externa es la forma más rápida de aprovechar esa oportunidad.

Podría ser la única manera de conseguir vaquillas superiores

Si usted compra a un especialista en vaquillas de reemplazo, usted podría terminar con una vaquilla más superior de lo que habría sido capaz de producir por su cuenta. Al comprar a un especialista, puede especificar el perfil genético de las vaquillas compuestas y de pura raza, la cruz de raza y el señor al que el productor cría la vaquilla.

La mayoría de los desarrolladores comerciales utilizan la inseminación artificial junto con una sincronización estrosa para aumentar el mérito genético de los terneros resultantes y eliminar cualquier posibilidad de transmitir enfermedades reproductivas. Esta técnica también permite desarrollar vaquillas que conciben y becerro durante un período de tiempo acortado.

Puede ser la opción más asequible

Puede ser bastante costoso aumentar las vaquillas por su cuenta, especialmente si no tiene acceso a recursos de alimentación baratos. Además, si no engorda a sus vaquillas lo suficientemente rápido desde la etapa de destete hasta la etapa de cría, pueden suceder varias cosas malas, incluyendo retraso en la pubertad, bajas tasas de concepción, una temporada de partos prolongadas y un mayor costo para mantener cada vaquilla embarazada. Ahora, si la temporada de partos se extiende y la mayoría de sus vaquillas paren tarde, el peso de sus terneros podría bajar, lo que afecta la rentabilidad.

Capítulo 10: Cría y reproducción de ganado

Cuando se trata de la producción de carne de vacuno con fines comerciales, ningún aspecto es tan importante como la eficiencia reproductiva. No importa si se dedica a cruzar, si su ganado tiene genética superior o si ha estado manejando bien su ganado. Si la eficiencia reproductiva es de solo el 50%, afectará su negocio dramáticamente. Por eso debe aprender todo lo que pueda sobre la preparación de su ganado para tener una excelente eficiencia reproductiva.

Si maneja su ganado correctamente, podría tener una crianza de becerros superior al 90%. El menor porcentaje para cubrir sus gastos de producción es una crianza de becerro del 85%. Cualquier cifra inferior al 75%, significaría que registraría pérdidas importantes. Una buena meta para trabajar es una cosecha de becerro del 95% dentro de una temporada de parto de 60 días y un peso promedio de destete de 226 kilos.

Cómo preparar a su vaca para concebir con éxito

Para un embarazo saludable y un becerro bebé sano, su vaca necesitará mucho cuidado y afecto. Asegúrese de que esté en gran forma físicamente. También asegúrese de que le ha dado la atención adecuada para su edad y ha proporcionado todas las medidas de atención médica preventiva para que la cría sea exitosa. Estos son algunos consejos para ayudarle a hacer esto.

1. Evalúe la condición corporal de su vaca

Una vaca embarazada desequilibrada es propensa a varias consecuencias negativas, incluyendo:

Desnutrición: Dado que la mayoría de los nutrientes van dirigidos al feto, la vaca termina desnutrida. La desnutrición dificulta que dé a luz.

Mala calidad del calostro: La mala alimentación afecta la calidad del calostro. Esto significa que el ternero recibe menos anticuerpos, lo que afecta la fuerza de su fuerza inmune.

Disminución de la producción de leche: Si las vacas no están bien alimentadas, no producen tanta leche.

Tasa de crianza más lenta: Cuando las vacas embarazadas están en mala forma, necesitan más tiempo para volver a prepararse. Esto significa que no estarán produciendo un ternero cada año como deberían.

Dada la importancia de la nutrición para la eficiencia reproductiva de las vacas, los agricultores han ideado un sistema numérico para evaluar la condición corporal de una vaca. Este sistema numérico se denomina Puntuaciones de condición corporal (PCC).

Condición corporal: Las puntuaciones se refieren a un conjunto de números que indican la condición corporal de una vaca antes del embarazo, y durante y después. Cuanto más delgada sea la vaca, menor será la puntuación; las vacas más gordas tendrán una puntuación más alta.

Estos son los 9 puntos y lo que indican:

1. Significa que la vaca está tan débil y demacrada, que se pueden ver los huesos claramente. Esta es una puntuación muy rara, y cuando ocurre, es seguramente porque la vaca está enferma o plagada de parásitos.

2. Significa que se pueden ver las costillas de la vaca claramente. Los músculos del cuarto trasero y el hombro también suelen estar atrofiados. Estas vacas están extremadamente débiles.

3. Significa que la vaca está muy débil, y no hay grasa en la falda o superpuesta en las costillas. Las vacas con un PCC de 3 también tienen espinas dorsales visibles, y hay una reducción en los músculos de los cuartos traseros.

4. Significa que la vaca está solo ligeramente delgada con solo unas pocas costillas visibles (3 a 5) y una columna vertebral visible, pero no hay agotamiento muscular, y se puede ver grasa en las caderas y sobre las costillas.

5. Significa que la vaca está en condición moderada. Por lo tanto, no hay columna vertebral sobresaliendo, la columna vertebral se ve suave, y la mayoría de las costillas están cubiertas de grasa excepto las dos últimas.

6. Una vaca con una puntuación de condición corporal de 6 está bien condicionada. Estas vacas suelen verse lisas por todos sus cuerpos con espaldas redondeadas. Puede encontrar grasa cubriendo la cabeza de la cola, en la falda, sobre los huesos del alfiler y sobre las costillas.

7. Una puntuación de condición corporal de 7 significa que la vaca tiene suficiente carne, y la falda es grasa, al igual que la cabeza de la cola. El cuerpo tiene un aspecto general suave y redondeado con costillas lisas y solo huesos de cadera ligeramente visibles.

8. Esto significa que la vaca tiene exceso de grasa, el cuello de la vaca se ve grueso y corto. Toda la estructura ósea está cubierta de grasa.

9. Una puntuación de condición corporal de 9 es demasiado alta y generalmente significa que la vaca está muy obesa. Afortunadamente, al igual que una puntuación de 1, una puntuación de 9 es bastante rara.

Entonces, ¿cuál es la mejor puntuación para sus vacas para asegurar un embarazo saludable y parto? Bueno, generalmente, cualquier número entre el 5 y 6 el está bien, pero para una vaquilla con una primera cría, una condición mínima del cuerpo de 6 es deseable y si están dando a luz en el invierno, entonces apunte a un PCC más alto.

Para asegurarse de que su vaca alcanza el PCC perfecto para el parto, debe evaluarla en momentos específicos. Por lo tanto, evalúe a su vaca una vez que se entre en el segundo trimestre, antes de que se reproduzca. De esta manera, usted puede coger cualquier deficiencia en el tiempo y hacer los ajustes necesarios para llevar a su vaca a la condición corporal perfecta.

2. Preste especial atención a las vacas más jóvenes y mayores

El embarazo afecta a todas las vacas, pero no tanto como en las vaquillas de primera cría, las vacas más jóvenes (≤3 años) y las vacas mayores (≥9 años). Usted necesita prestar atención adicional a estos grupos de edad.

Cuidado de las novillas de primera cría

Una vaquilla de primera cría todavía está en proceso de madurar, incluso mientras lleva su ternero. Por lo tanto, su cuerpo está sufriendo mucho estrés y necesita toda la ayuda que pueda obtener.

Si hizo un buen trabajo seleccionando o desarrollando a su vaquilla de reemplazo y se aseguró de que estuviera bien nutrida, su vaquilla debería tener éxito cuando tenga dos años. También debería estar lista para volver a criar en un año destetada de sus pesados terneros. Una vaquilla de primera cría bien nutrida se convierte en un animal más rentable a largo plazo.

Estos son algunos consejos para ayudarle a apoyar su primera vaquilla de becerro:

• Sea estricto con la selección de sus vaquillas de reemplazo.

Ya le mostramos la mejor manera de hacerlo en el capítulo anterior. Por favor, vuelva repasarlo si es necesario.

• Alimentación apropiada y raciones.

Destete a la cría: Sus vaquillas necesitan ganar aproximadamente medio kilo al día. Ahora, por una razón u otra, su vaquilla podría estar adelgazando y necesita ponerse al día para alcanzar el peso objetivo del 65% de peso maduro. Incluso en ese caso, trate de no exceder un aumento de peso diario de dos libras. Si su vaquilla necesita ponerse más de dos libras diarias para alcanzar su peso objetivo para la cría, probablemente no sea una gran candidata para la cría.

Para lograr un aumento de peso diario de un kilo, su vaquilla necesitaría comer alrededor de 5,4 a 6,8 kilos de la materia seca diariamente. Solo puede ser pasto, siempre y cuando esté seguro de que es alto en proteínas y energía. Si no es así, debe complementar el pasto con concentrados.

Crianza durante el embarazo: El objetivo diario de aumento de peso para las vaquillas embarazadas es de 300 gramos. Por lo tanto, necesitan alrededor de 9 kilos de la materia seca todos los días. Recuerden, ahora están compartiendo con sus terneros bebés, y por eso necesitan más comida para engordar menos.

Ahora, recuerde que a medida que las vaquillas se acercan al parto, es difícil conseguir que ganen peso, y eso se vuelve más difícil después del parto. Una forma de evitar esto es complementar sus raciones diarias con concentrado para asegurarse de que está en un PCC de 6 o 7 antes de nacer.

Después del parto: Una vaquilla no alcanza la madurez completa hasta su segundo parto, especialmente novillas de razas más grandes que maduran tarde. Incluso después de parir, su vaquilla sigue creciendo, y quiere mantenerla en un PCC de 5 o 6. Podrían conformarse con las mismas raciones dadas a otros miembros de la manada. Pero a menudo, podría ser mejor seguir tratándolas como las vaquillas de primera cría.

• Críe primeras vaquillas de becerro primero

Un buen consejo es criar novillas de primera cría durante dos o tres semanas antes de que la vaca esté en la manada porque quiere que las novillas de primera cría y las vacas más maduras permanezcan sincronizadas si tiene que volver a preñarlas todas al mismo tiempo.

• Seleccione al toro correcto

Al elegir el toro para reproducirse con las vaquillas y las vacas, seleccione uno con un peso al nacer conveniente. El toro también debe venir con una diferencia de progenie esperada (EPD). Ambos factores le dicen la facilidad con la que nacieron los terneros de ese toro. También son mutuamente excluyentes, ya que el peso destete del toro afecta a su EPD junto con otros factores como la forma del cuerpo de la becerra. Generalmente, los terneros más grandes tienden a causar distocia.

Cuidado de vacas mayores

A medida que su vaca envejece, comprensiblemente, su productividad también disminuirá. Las tasas de concepción bajarán, sus becerros tendrán un peso de destente más ligero, y su capacidad para forraje será menor (probablemente debido a la vejez).

Así es como puede apoyar a sus vacas mayores. Si sus ubres todavía funcionan de tal manera que pueden nutrir un ternero a un peso de destete deseable, podría ser una gran idea manejarlos con las vaquillas de primer ternero o con las vacas más maduras de 3 años.

En cualquiera de estos lugares, la competencia es menor, y su vaca mayor puede obtener toda la nutrición que necesita.

3. No olvide las vacunas reproductivas

Las enfermedades reproductivas pueden afectar negativamente la salud de la vaca y la rentabilidad de la manada. Hacen imposible la cría y provocan el aborto de los terneros.

Aquí hay un calendario de vacunación para ayudarle a evitar enfermedades:

Brucelosis: Debe administrarse entre los 4 meses de edad y el 1 año. Si tiene la intención de incluir una vaquilla en su línea de cría, asegúrese de que reciba esta vacuna dentro del plazo antes mencionado.

Leptospirosis: Las vacas y las vaquillas deben vacunarse contra la leptospirosis al menos una vez al año. Si ha habido un caso de leptospirosis en la manada antes, entonces la vacunación podría necesitar ser más frecuente; dos veces al año.

Vibriosis: Antes de reproducirse, la vaquilla debería recibir esta inyección dos veces. Las vacas maduras también necesitan inyecciones de refuerzo al año.

Trichomoniasis: Esta vacunación es súper importante, especialmente si está en el lado oeste de los Estados Unidos, ya que la trichomoniasis es más común en esa parte del mundo. Confirme con su veterinario si sus vaquillas y vacas necesitan esta vacuna.

Diarrea por virus bovinos (BVD): La BVD no es solo una enfermedad reproductiva. También afecta los sistemas inmunológico, respiratorio y digestivo. El virus BDV viene en dos cepas. Por lo tanto, asegúrese de que sus programas de vacunación cubran su ganado de la cepa que es probable que encuentren.

Rinotraqueitis bovina infecciosa (IBR): Esto no solo ataca el sistema reproductivo de las vacas; también afecta a los ojos y la tráquea. Esta inyección debe administrarse anualmente para vaquillas y vacas.

Asegúrese siempre de que cualquier vacuna que esté dando a sus vacas criadas /novillas sea segura para las embarazadas.

4. Programación de la fecha de vencimiento

Es importante tener una estimación aproximada de cuándo va a parir su vaca. Le ayuda a cuidar adecuadamente a su vaca en diferentes etapas de su embarazo. La gestación (embarazo) en vacas toma aproximadamente 285 días.

Ahora, ya que estamos aquí, ¿cómo confirma que su vaca está embarazada? Bueno, el método común es por palpación. Durante la palpación, el experto inserta una mano enguanada en el recto del animal y siente los órganos reproductivos en busca de signos de embarazo.

Para personas altamente experimentadas, el embarazo (o la ausencia de este) se puede confirmar 30 días después de la cría, pero esto requiere la experiencia de una mano capacitada. Generalmente, 45 días es el marco de tiempo más comúnmente utilizado. En 45 días después de que se haya criado una vaquilla o una vaca, el embarazo (o la falta de ella) se puede confirmar con precisión.

Elección del toro adecuado para la cría

En el primer capítulo de este libro, analizamos el hecho de que usted debe tener un objetivo al entrar en el negocio de la ganadería de carne de vacuno. Si usted tiene un objetivo para su negocio, entonces puede tomar las mejores decisiones. El toro que seleccione debe ser capaz de complementar su vaquilla/vaca en sus debilidades.

Estos son algunos factores que debe considerar:

1. ¿El toro se apareará con una vaquilla?

En caso afirmativo, los principales factores para tener en cuenta son el peso al nacer y la facilidad para el parto.

2. ¿Va a quedarse con todos sus vaquillas y/o terneros?

Si tiene la intención de retener a todas sus crías, entonces elija un toro con un historial de producción de vacas con excelentes instintos maternales. Está buscando rasgos como la fertilidad, la conformación de la ubre, la capacidad de ordeño, así como la capacidad de maternidad.

3. ¿Va a vender la descendencia del toro como terneros alimentadores?

Si tiene la intención de vender la descendencia de este toro como terneros alimentadores, el peso destete de los terneros debe ser uno de los factores más importantes para tener en cuenta.

4. ¿Va a vender a la descendencia del toro como carne de res?

Si usted está vendiendo directamente a los consumidores como carne de res, entonces usted quiere un toro conocido por su fantástico mérito de cadáver.

5. Solidez reproductiva

Realice un examen de solidez de cría antes de llevar a su toro a la vaquilla / vaca para confirmar que es fértil.

6. Aptitud estructural

La estructura corporal también es importante para la eficiencia reproductiva. Quiere toros que se muevan con confianza, que sean lo suficientemente fuertes como para montar vacas sin cansarse fácilmente, que no estén enfermos o lesionados, no tengan piernas o articulaciones hinchadas, tengan buena visión y que su boca y dientes estén en excelentes condiciones.

7. Mire a su toro

Observe cuidadosamente al toro en busca de señales fáciles de perder. Fíjese en los músculos, la disposición, el color y la puntuación de la condición del cuerpo. Para el inicio de la temporada de cría, un PCC de 5 o 6 es el mejor.

8. Evaluar la actuación del toro

Considere cuidadosamente la propia actuación del toro en áreas clave como el destete y el peso anual porque eso le da claves sobre la descendencia que tendría. Más importante aún, aprenda sobre la EPD del toro porque es importante para que la que la madre dé a luz a su bebé sano.

Cómo cuidar a su toro

Empiece a cuidar a su toro justo después del destete. Una vez que ha sido destetado, necesita ganar alrededor de 9,4 kilos diarios para crecer y madurar adecuadamente, y los toros continúan creciendo hasta bien entrado su tercer año, alcanzando un peso de 1.300 kilos desde los 272 kilos de peso de destete.

Por lo tanto, asegúrese de que su toro tiene acceso a los alimentos continuamente (alrededor de 23 libras de materia seca diariamente) y tiene una puntuación de condición corporal de 6. Si es un toro más viejo, entonces su dieta debe consistir en alrededor de 11 kilos a 14 kilos de materia seca (dependiendo de su tamaño) para mantener su peso.

Un consejo importante: Nunca debe dejar a su toro con las vacas todo el año. Tenga solo su toro con las vacas durante la temporada de cría. Normalmente, dura entre 60 y 90 días.

Esto ofrece varias ventajas. Una es que todos los miembros de su rebaño estarían en la misma etapa de producción (embarazo, lactancia y rebreeding). Además, tendría una cantidad numerosa de terneros. Todos tendrían la misma edad. Esto le permite cuidar de su rebaño y terneros con mayor precisión y facilidad cuando todos tienen la misma salud y necesidades dietéticas aproximadamente similares.

Dejar el toro con las hembras todo el año es arriesgado porque los toros necesitan aparearse continuamente. A veces, ciertas vaquillas alcanzan la madurez sexual antes del tiempo esperado. El toro puede criar prematuramente tales vaquillas, y eso podría complicar las cosas.

Un toro debe mantenerse en un área limpia y seca protegida de los elementos, pero también tener suficiente espacio para pastar y hacer ejercicio. Puede poner el recipiente de agua y alimentar en los extremos opuestos del pasto para que se vea obligado a moverse y hacer ejercicio. Recuerda, necesita fortalecer sus músculos y huesos.

No olvide vacunar a su toro, así como vacunar a las vacas. Las vacas maduras y el toro podrían compartir el mismo calendario de vacunación. Estas son las vacunas que su toro necesitará:

Vacunas reproductivas, incluyendo vibriosis, leptospirosis y trichomoniasis (posiblemente).

Vacunas respiratorias para la diarrea por virus bovinos (BVD), virus respiratorio sincitial bovino (BRSV), rinotraqueitis bovina infecciosa (IBR) y parainfluenza-3 (PI-3).

La desparasitación y el control agresivo de las moscas también son muy importantes para que los toros los mantengan saludables.

Ir por la ruta de la Inseminación Artificial (IA)

Es posible embarazar a sus vacas y novillas sin criarlas con un toro. Este proceso se conoce como inseminación artificial. Probablemente esté familiarizado con el término. Se recoge semen de un toro y se usa para criar la vaca sin traer al toro para aparearlo naturalmente.

La inseminación artificial es muy popular en la industria láctea en los Estados Unidos, con alrededor de 2 de cada 3 vacas lecheras inseminadas artificialmente. En la industria de la carne de vacuno, solo entre el 5% y el 10% de las vacas de vacuno se crían con inseminación artificial.

Ahora, examinemos lo bueno y lo malo de la inseminación artificial y veamos si es adecuado para usted.

Pros de inseminación artificial

1. Progenitores de alta calidad

Esta es la mayor ventaja de la inseminación artificial: el acceso a los progenitores de Inseminación Artificial (IA) de primer nivel. Estos toros suelen tener una trayectoria probada y producen descendencia con pesados pesos de destete y excelentes vaquillas de reemplazo.

2. Sin necesidad de un toro

No hay que ocultar la verdad. Tener un toro alrededor puede ser difícil para la mayoría de los ganaderos. Por lo tanto, no tener que lidiar con uno sería un alivio para la mayoría, especialmente para criadores de pequeña escala.

3. Podría ser la opción más asequible

La inseminación artificial puede ser menos costosa que el servicio natural, especialmente si tiene una manada pequeña de solo unas pocas vacas.

Contras de inseminación artificial

1. Las tasas de concepción no son tan altas

El servicio natural siempre tendrá tasas de concepción más altas que la inseminación artificial. Si después de dos intentos con inseminación artificial su vaca no queda embarazada, podría ser aconsejable seguir la ruta natural.

2. La IA requiere trabajo, habilidad y equipo

En el servicio natural, el toro hace todo el trabajo. Para la IA, es diferente. Va a tener que poner el tiempo, el equipo y el esfuerzo. Es posible que tenga que ir con un técnico de IA para aumentar las posibilidades de éxito y hacer las cosas más fáciles para usted, pero también es posible hacerlo usted mismo con la educación adecuada.

Ahora que sabe todo sobre la reproducción del ganado, vamos a entrar en el aspecto más práctico del parto.

Capítulo 11: Parto y cuidado de recién nacidos

Ahora que sabe cómo embarazar a sus vacas, se vuelve imperativo saber cómo cuidarlas durante y después del embarazo. También necesita saber cómo cuidar de los nuevos terneros. Y de eso se trata este capítulo.

Pero antes de entrar en todo eso, aquí hay algunos datos rápidos sobre las vacas embarazadas:

- Muchas personas fijan el período de gestación para las vacas a los 283 días, pero podría ser de 279 a 287 días. Esta variación podría deberse al género del ternero. Las vacas que llevan toros a veces tienen un período de gestación más largo que las vacas que llevan vaquillas.

- En promedio, una vaca puede quedar embarazada 55 días después de haber sido inseminada, pero esto puede tomar hasta 10 días más si dicha vaca tuvo dificultades para nacer o es una madre primeriza. Las vacas que caen enfermas y pierden peso después del parto también podrían tomar más tiempo antes de que puedan quedar embarazadas de nuevo.

• En circunstancias normales, su vaca debe ser capaz de dar a luz a un ternero cada año si es criada adecuadamente.

Con todo lo dicho, echemos un vistazo a lo que puede hacer para mantener sus vacas embarazadas y vaquillas saludables.

Alimentar a sus vacas embarazadas y vaquillas

El objetivo de una nutrición adecuada con vacas embarazadas y novillas es asegurarse de que permanezcan saludables durante todo su embarazo, entregar terneros sanos, amamantar bien, comenzar su próximo ciclo con prontitud, y luego estar sanas y listas cuando comience la nueva cría.

Por lo tanto, está claro que la nutrición para sus vacas embarazadas y vaquillas es algo a lo que prestar la atención adecuada.

Dicho esto, lo primero para tener en cuenta es que, en la etapa muy temprana del embarazo, su alimentación no necesita cambiarse. La alimentación durante la etapa de cría no cambiará durante los primeros meses.

Pero a medida que el feto continúa desarrollándose, sus necesidades nutricionales seguirán aumentando. Esto básicamente significa que finalmente debe alimentarlas como si estuvieran comiendo para dos.

A dos meses de que sus vacas den a luz es cuando se producen muchos de los desarrollos fetales. Por lo tanto, este es el período en el que desea mejorar su nutrición y alimentarlos como si estuvieran comiendo para dos.

Ahora, sus vacas y vaquillas más jóvenes necesitarán aún más proteínas y una mejor nutrición que las vacas mayores porque las más jóvenes todavía están creciendo mientras siguen embarazadas, pero las vacas mayores ya no están creciendo.

A medida que aumenta el follaje que le da a sus vacas embarazadas, debe haber un aumento simultáneo de la proteína que comen.

La razón de esto es que sus vacas y novillas necesitan proteínas para digerir adecuadamente el follaje. Además, la proteína crea el ambiente adecuado para que los microbios del rumen crezcan.

Estos microbios rumen ayudan a las vacas a extraer el valor energético del follaje que están comiendo. No olvide que la energía extraída sería realmente necesaria, especialmente cuando están empujando.

También necesitan que el follaje se descomponga correctamente en el rumen para que puedan mantener un peso saludable durante su embarazo e incluso después del embarazo. La proteína puede ser fundamental para mantenerlos en un peso saludable.

Por lo tanto, lo que quiere averiguar es cómo aumentar el contenido de proteínas de los alimentos de su vaca embarazada. Y recuerde darles a las vacas más jóvenes que lo que le dé a las mayores.

Usted podría aumentar el contenido de proteínas aumentando el alimento fuente de proteínas en la dieta de sus vacas o añadiendo suplementos de proteínas a su comida.

La regla general es aumentar el contenido proteico de sus vacas mayores a aproximadamente 7 a 8 por ciento mientras aumenta el de las vacas y novillas más jóvenes a aproximadamente 8 o 9 por ciento.

Además de proteínas, también desea asegurarse de que sus vacas embarazadas están recibiendo suficientes vitaminas y minerales. El calcio y el fósforo son otros nutrientes a los que prestar atención. Consulte con su veterinario para adaptar un plan de comidas para sus vacas embarazadas y vaquillas.

Otras cosas a las que prestar atención

- Es *absolutamente importante* para sus vacas embarazadas y novillas obtener tanto ejercicio como sea posible. 30 minutos de ejercicio moderado dos veces al día debería funcionar muy bien.

- Podría considerar masajear las ubres de tus vacas durante un par de minutos todos los días para ayudar a aumentar la circulación.

- Necesitará un lugar de maternidad/parto donde su vaca entregará su becerro. Si puede permitírselo, téngalo en un granero separado. Pero si no puede, asegúrese de que esté lo más lejos posible de donde están las otras vacas para no agitarlas.

- Además, asegúrese de que el lugar de maternidad esté cerca de un centro de manipulación en caso de que necesite ayudar con el parto.

- No quiere entrar en la temporada de partos sin preparación. Así que asegúrese de tener un plan para ello. Planifique su horario para que siempre tenga a alguien cerca y consulte con su veterinario para que tome las precauciones que todos en la familia o la práctica deben tomar.

- Tiene que preparar su kit de parto. El kit de parto debe contener mangas obstétricas (preferiblemente desechables), lubricante (el jabón anti-detergente funciona bien), antiséptico (preferiblemente hipoalergénico), cadenas obstétricas (cadenas de 30 y/o 60 pulgadas), tirantes mecánicos de becerros y antibióticos inyectables.

Ahora que estamos tratando el tema del parto vamos a ver qué señales le indican que su vaca está lista para parir.

Signos de parto

- Notará que las ubres de su vaca están muy llenas.

- Su canal de nacimiento se verá muy largo y blando, mostrándole que se está preparando para que salga un ternero.

- Cuando esté muy cerca de la hora, verá el alta del canal del parto.

- Notará que su estado de ánimo comienza a cambiar. Estará malhumorada y ansiosa.

Preparándose para el parto

A medida que su vaca se acerca a su último mes de embarazo, necesita moverla al espacio de maternidad para familiarizarla con el nuevo área.

Y si nota los signos ya mencionados, debe preparar un espacio de parto seguro para los terneros. Retire todo lo que pueda representar un daño para los bebés. Además, asegúrese de que el espacio esté limpio y seco. Tenga el número de su veterinario a mano, por si las cosas no salen según lo planeado.

Parto

- A medida que su vaca o vaquilla comienza el parto, podrá ver al feto en el canal del parto.

- Comienza la dilatación cervical y las contracciones. Esto debe durar entre 4 y 8 horas. Si continúa durante más tiempo, llame a su veterinario.

- A continuación, rompe aguas, y ella comienza a ser parte activa del parto, que está marcado por la tensión. El tiempo desde que rompe aguas hasta cuando el becerro cae debe ser de entre 2 y 4 horas, pero para una madre por primera vez, el trabajo de parto activo debe durar entre 60 y 90 minutos El trabajo activo para vacas mayores es de 30 a 60 minutos. Si continúa más allá de ese tiempo sin que el ternero caiga, debe llamar a su veterinario. Tal vez tenga que intervenir, pero su veterinario le dirá qué hacer.

• Después de que el ternero haya caído, su vaca debe pasar la placenta. Si esto no ha sucedido en 12 horas, significa que su vaca ha conservado la placenta, y usted necesita llamar a su veterinario.

Manipulación de terneros

Después de que el ternero ha nacido, es hora de que usted intervenga, asegúrese de que el ternero está vivo y luego cuide de él. Pero antes de llegar al ternero, tenga cuidado con la nueva mamá, ya que puede que no le guste que toque a su bebé. Asegúrese de que ella está cómoda cuando se lleve a su bebé. No coja al becerro a menos que necesite ayuda.

Dicho esto, estas son las cosas que debe hacer:

• En primer lugar, asegúrese de que el ternero esté respirando. Si no respira, intente limpiar las fosas nasales y la boca del ternero con toallitas húmedas. Las fosas nasales podrían estar bloqueadas por mocusidad. También podría tratar de animar al ternero a respirar frotándose vigorosamente la espalda o haciendo cosquillas en la nariz con un trozo de paja.

• No sostenga un becerro recién nacido boca abajo, ya que podría aplastar sus órganos internos a sus pulmones, impidiendo que respire correctamente.

• Una vez que haya comprobado que el ternero está respirando, examine su bienestar general. El ternero debe ser capaz de moverse y el cuerpo debe estar caliente al cabo de cinco minutos. Debe intentar levantarse en quince minutos y poder estar solo en una hora. Si no puede alcanzar estos hitos, llame a su veterinario.

Enfermería

Una vez que haya comprobado que su ternero está respirando, lo siguiente es asegurarse de que reciba tanto calostro como sea posible.

Cuando nacen terneros, no tienen un sistema inmunitario muy bueno. El calostro debe ayudarlos a fortalecer su sistema inmunológico. El calostro es la primera leche que producen los mamíferos, incluidos los humanos. Y a medida que pasa la hora, la cantidad de calostro que producen disminuye.

Por lo tanto, si quiere que su ternero obtenga suficiente calostro, asegúrese de que no pasen más de 30 minutos sin tomar leche después de que nazcan. Si el ternero no puede amamantar en 30 minutos, debe alimentarlo con biberón.

El calostro debe haber sido congelado, y luego antes de alimentarlo, descongelarlo lentamente para alimentar al ternero. La cantidad de calostro con la que alimenta al ternero debe ser del 5 a 6 por ciento de su peso corporal. Asegúrese de que el ternero sea alimentado con calostro dentro de las primeras seis horas de su vida y luego 12 horas después de que haya nacido.

Si el ternero está demasiado débil para ser alimentado por la boca, es posible que tenga que recurrir a un tubo estomacal, pero si se encuentra con este tipo de problema, consulte primero con su veterinario.

Salud de los terneros

Después de que su cría haya amamantado por primera vez, es hora de desinfectar su ombligo. Utilice una solución de yodo al 7% en un recipiente y, a continuación, sumerja el cordón umbilical y el ombligo del ternero en la solución.

Usted quiere sumergirlo en lugar de rociar porque al rociar es fácil perderse algunos lugares. Si ha tenido antecedentes de infecciones del ombligo en su granja, considere volver a sumergirlo después de 12 horas, solo para estar seguro.

Si nota cosas como respiración rápida, hocico seco, postura anormal, cabeza y oídos bajados, llame a su veterinario, porque eso no es normal.

Identificación de terneros

Lo siguiente que debe hacer es identificar a su ternero para que pueda recordar cuándo nació cada ternero y sus progenitores, pero si tiene un solo ternero, es posible que no necesite dar este paso.

Con la identificación, puede usar etiquetas físicas de oído colgante, etiquetas de oído de radiofrecuencia o tatuajes. Cualquiera que sea el que utilice, la identificación debe ser una combinación del año en que nacieron y un número que represente el orden en que nacieron. Generalmente se acepta denotar los años como letras así: H =2020, J = 2021, K = 2022, L = 2023, etc. Las letras I, O no se usan.

Por lo tanto, el cuarto ternero que nació en su consultorio en 2020 normalmente tendría H4, H04 o H004 como su identificación, dependiendo de cuántas vacas tenga.

Una cosa más: las identificaciones suelen estar unidas al oído. Hay dos corrientes de pensamiento a la hora de determinar qué oído. Muchas personas añaden la identificación en el oído izquierdo porque es más fácil verlo a medida que el ganado pasa por las instalaciones de manipulación. Hay quienes adjuntan la identificación en diferentes oídos para diferentes géneros. Por lo tanto, si fijan la identificación en la oreja derecha de un ternero toro, colocarán la identificación en la oreja izquierda de una pantorrilla de vaquilla. Esto les permite identificar el género del ternero de un vistazo.

Después de identificar al ternero, registre la fecha y hora de nacimiento y la mamá y papá. También desea registrar el peso del ternero dentro de las primeras 24 horas de su nacimiento.

Castración e implantes del ternero

Esto solo se aplica a los terneros de toro. La castración y los implantes no deben hacerse ese día, especialmente teniendo en cuenta que es necesario observar el ternero para determinar su uso para la cría.

La castración es la eliminación de los testículos, lo que hace que el torero sea un novillo. Pero un implante de crecimiento puede implantarse en los novillos para hacerlos crecer casi tan grande como un toro. Consulte con su veterinario, que debe ayudarle a determinar si un implante de crecimiento es una buena idea para su dirección.

Por último, si castra y/o inserta el implante de crecimiento, intente hacerlo antes de destete el ternero.

El parto puede parecerte aterrador, pero no lo es. Sobre todo, su vaca puede hacer el parto ella misma, y si necesita ayuda, usted y su veterinario pueden ayudarla.

Capítulo 12: Consejos de expertos para su negocio de ganado vacuno

Sería fácil pensar que tener toda esa información sobre cómo establecer un equipo adecuado de cría de ganado garantizará el éxito. Sin embargo, se necesita más que saber cómo dirigir un equipo exitoso y este capítulo lo explica.

Una guía rápida para principiantes

Costos

La creación de un equipo de cría de ganado le costará mucho dinero por adelantado, independientemente del tamaño de la práctica que desee ejecutar. Gastará mucho en todo, desde la tierra (si aún no la tiene), la instalación del pasto, la construcción de vallas y la instalación de las instalaciones y equipos que se han mencionado anteriormente en este libro. Y esto ni siquiera incluye comprar el ganado.

Planifíquelo adecuadamente. Tener una fuente sostenible de ingresos antes de comenzar el equipo sería una buena idea. Aún así, a menudo es imposible empezar sin un préstamo. Considere la posibilidad de utilizar los servicios de un asesor financiero para comprender mejor sus opciones.

También desea elaborar un presupuesto para su práctica. Las herramientas de presupuestación en línea y los programas universitarios de becas de tierras se pueden encontrar de forma gratuita; ¡aproveche estas opciones! Además, considere los ahorros que se ofrecen en la compra de equipos agrícolas usados. No solo le ahorra dinero, sino que también es bueno para el medio ambiente. *(Sin embargo, trate de tener nuevos contenedores para la alimentación, como se mencionó anteriormente.)*

¿Cuánta tierra?

La cantidad mínima de tierra que debe aspirar es de diez acres; con tanta tierra, usted debe ser capaz de ejecutar una pequeña operación de cría de ganado. Para un plan estándar, comience con al menos 12 hectáreas. Para los que empiezan a pequeña escala, pero están buscando expandirse más tarde, es aconsejable comprar tierras en un área con perspectivas donde usted está seguro de que puede obtener más tierras más tarde, evitando tener que moverse a otro lugar.

La práctica más fácil

Si tiene claro qué tipo de práctica quiere desarrollar (es decir, carne para la alimentación o cría de terneros), hágalo sin dudar. Pero si aún no lo ha decidido (o está abierto a sugerencias), querrá escuchar esto. Como principiante, usted debe comenzar con el negocio de la alimentación, y hay buenas razones para ello.

Uno, un negocio de alimentación es más asequible para empezar que un ternero de vaca porque se puede seguir adelante y comprar una vaca madura y ganar dinero casi inmediatamente. Las vacas maduras son más caras de comprar que los bebés, pero también son menos costosas para cuidar que los bebés, ya que las tendrá por solo unos años.

En cuanto al costo, con un negocio de cría de vacas, debe establecer diferentes instalaciones para vacas y terneros, mientras que puede utilizar instalaciones únicas para los comederos. Además, el negocio de la alimentación es menos estresante. Esta es especialmente una buena noticia para alguien sin experiencia. No tendrá becerros que aún son delicados y requieren mucha atención.

Otra cosa en la que pensar es que un negocio de alimentación le ofrece más oportunidades de experimentar. Para empezar con dos reses, puede comprar dos razas y decidir cuál funciona mejor para usted. Además, no se quedará atascado durante años con una raza que cree que no funciona. Aún así, es posible que se vea obligado a quedarse con un ternero hasta que crezca lo suficiente como para ser vendido, a menos que quiera venderlo como un ternero.

Cría

Si se ha decidido por la reproducción, debe pensar en cómo lo hará. Un toro es todo lo que necesita para una puesta en marcha, pero incluso ese toro puede costar mucho dinero (más que un par de vacas), sobre todo teniendo en cuenta que estará buscando uno con buenos genes para ser transmitido a tus terneros. Si empieza con un solo toro y lo compra lo suficientemente joven, su toro debería poder inseminar a unas 25 vacas durante unos seis años.

Si prefiere no gastar tanto, podría inclinarse por inseminación artificial (IA). Pero necesitará un toro de refuerzo para esas vacas y podría no llevar bien la IA.

Una opción más asequible podría ser compartir un toro con otro ganadero para que ambos puedan dividir el coste de comprar uno. También puede considerar un acuerdo de arrendamiento.

Ayuda

También desea considerar cuánta ayuda está disponible para usted. Si usted está empezando como un negocio familiar, usted debe tener suficientes manos. ¡Hacerlo solo no es una buena idea!

Contratar ayuda adicional aumentará sus gastos porque debe pagar salarios. Por otro lado, tener que ejecutar todo por su cuenta es mucho trabajo, sobre todo teniendo en cuenta que no está acostumbrado a la intensidad del trabajo. Sopese ambas opciones, eligiendo cuidadosamente lo que funciona mejor para usted.

Si decide contratar a alguien, debe pensar en qué aspectos de la cría de ganado le atraen más y luego buscar a alguien que sea experto en los otros aspectos. La idea es que, si le apasiona su trabajo será más fácil y agradable.

Es importante recordar que la cría de ganado es tiempo y consume vida, ya que hay mucho trabajo por hacer. Usted debe atender al ganado mientras que también dirige un negocio. Así que, tanto si recibe ayuda como si no, quiere estar físicamente en forma y mentalmente preparado.

Personas que necesita conocer

Si está iniciando una práctica de cría de ganado (ya sea alimentador, cría de vacas o una combinación de ambos), necesitará la información de contacto de estas personas:

- Un buen nutricionista de ganado.

- Un veterinario confiable situado cerca de usted.

- Un buen especialista en ampliación.

- Un experimentado criador de ganado.

- Un buen carnicero o minorista.

21 consejos para dirigir un equipo de cría de ganado comercialmente exitoso

Ya sea un recién llegado a la práctica de cría de ganado o lo ha estado haciendo durante años, estos consejos ayudarán a que su práctica sea rentable:

1. Al decidir qué raza de ganado criar, considere las tendencias del mercado. Querrá hacer una encuesta de mercado para averiguar qué razas tienen una alta demanda. A continuación, puede elegir esa opción o crear un nicho para usted si cree que será capaz de obtener suficientes clientes.

2. Cada vez más personas quieren comprar solo ganado alimentado con pasto, así que considere esta opción.

3. Trate de no escatimar en vacunas importantes. Si usted está tratando de ahorrar costos, hay vacunas prescindibles, pero hay vacunas que todo su ganado debe obtener, y con prontitud. La prevención suele ser menos costosa que el tratamiento o la cura. Para determinar qué vacunas no son necesarias para sus animales y ubicación, debe consultar a su veterinario.

4. Nunca espere que una enfermedad o lesión desaparezca, ya que las cosas podrían empeorar, y su animal podría morir. Si nota alguno de sus animales enfermos o heridos, llame inmediatamente a su veterinario. Cualquier enfermedad reduce en gran medida el valor de mercado de su ganado.

5. Si alguno de su ganado muere, averigüe la causa, porque podría ser por algo transmisible. Si no lo sabe, intente hacer una autopsia. Una vez que haya podido determinar la causa de la muerte, asegúrese de que el resto de su ganado esté sano y seguro.

6. No se despierte y decida llevar su ganado al mercado ese día sin un plan de marketing. El desarrollo de un plan o estrategia de marketing implica determinar por cuánto venderá su ganado dependiendo de cuál sea el precio general de mercado y la calidad

de su ganado. También incluirá la determinación del mejor momento para vender.

7. Tenga una sólida red de agricultores con los que haga negocios. Su red también podría incluir a otros agricultores con los que podría dividir los costos para comprar ciertos equipos o incluso un toro. Tener una red sólida puede ayudarle a obtener una buena relación calidad-precio.

8. Haga todo lo posible para mantener una buena reputación. La cría de ganado existe en una comunidad, y si la gente de la comunidad no puede confiar en usted, no podrá progresar mucho.

9. Además de asegurarse de que sus precios son siempre legítimos, ser condescendiente con otras empresas locales para su negocio de ganado le ayudará a mantener un buen representante en la comunidad. También podría ser su manera de contribuir al crecimiento de la comunidad.

10. Haga análisis y evaluación regulares. Le ayudará a determinar lo que está haciendo bien y lo que necesita ser mejorado. También le ayudará a descubrir qué cosas está haciendo que no le están generando suficiente dinero, cuál de sus ganados no está trayendo ganancias, y qué ganado está contribuyendo al negocio. Haga un plan para la evaluación y decida con qué frecuencia lo hará.

11. Asegúrese de que siempre está al día con sus impuestos. Averigüe si es elegible para cualquier deducción de impuestos, guarde los recibos de cada cosa que compre e invierta en un buen método de contabilidad; se ahorrará muchos dolores cuando llegue la temporada de impuestos.

12. Asegúrese de que siempre está poniendo esfuerzo y dinero para mejorar. Está bien si no comenzó con el mejor equipo e instalaciones. Pero a medida que obtenga ingresos, hará bien en reinvertir y obtener mejores equipos e instalaciones. Mejore su

calidad de producción y amplíe su práctica si tiene la intención de hacer crecer su negocio.

13. En la misma línea, asegúrese de que está constantemente aprendiendo sobre nuevas prácticas y tecnologías. No experimente con todas ellas, pero busque algo que funcione para usted y le dé una buena relación calidad-precio.

14. Considere un seguro de ganadero. Independientemente de lo bien que planee y de la cantidad de precauciones que tome, es posible que no pueda prevenir eventos desafortunados. El seguro de ganadero ayudará a cubrir muchas de sus pérdidas financieras causadas por accidentes de ganado, lesiones o enfermedades.

15. Ya se ha mencionado que debe consultar con su veterinario, pero también se debe decir que siempre debe ser honesto con su veterinario. Si le preguntan sobre sus prácticas de administración, diga la verdad. Eso les ayudará a tomar las decisiones correctas para su práctica, al menos, en lo que respecta a su ganado.

16. Elija con cuidado el vallado. Si tiene vallas débiles y/o fronteras irregulares, podría tener ganado fugitivo. El ganado fugitivo es básicamente como prender fuego a su dinero a menos que, por gran providencia, pueda encontrarlos.

17. Si está llevando a cabo una práctica de alimentación, considere la posibilidad de descornar los terneros. Los cuernos son peligrosos y podrían causar muchas lesiones. Y las lesiones cuestan dinero y podrían reducir su valor de mercado.

18. Evite la locura por las soluciones rápidas modernas. Fíese de los métodos probados y de confianza porque el ganado cuesta mucho dinero.

19. Compre alimentos en grandes cantidades (tan grandes como un camionero) en lugar de en pequeñas cantidades. Obtendrá una mejor relación calidad-precio cuando compre a granel.

20. Sepa cuándo es el momento de reemplazar su equipo. Los equipos antiguos o defectuosos pueden llegar a ser difíciles de mantener, y el costo de repararlos es en última instancia más que el costo de obtener un reemplazo. Por lo tanto, si ha reparado equipos más de dos veces, sustituya los artículos.

Sea cual sea el negocio que esté desarrollando, existe una posibilidad significativa de que experimente una pérdida. La primera vez que sucede puede ser un shock para usted, pero esté preparado para la posibilidad de tener que pedir ayuda.

Conclusión

No todos los consejos e ideas de este libro son fáciles de poner en práctica. Unos pocos lo harán, mientras que otros no. Trate de ser paciente consigo mismo. Cuanto más tiempo, esfuerzo y conocimiento adecuado ponga en su equipo de cría de ganado, mejor resultados obtendrá. Este libro no es una lectura única. Es un recurso al que siempre puede volver a medida que se enfrente a nuevos desafíos en su negocio de cría de ganado.

Ninguna lectura y recopilación de información le hará un exitoso criador de ganado. En realidad, tiene que empezar algo nuevo o cambiar lo que está haciendo para llevar a cabo una práctica exitosa.

¡Es hora de cerrar este libro y empezar a llevar a cabo las ideas y sugerencias que ha leído! Y no olvide involucrarse en la comunidad ganadera. ¡Buena suerte!

Vea más libros escritos por Dion Rosser

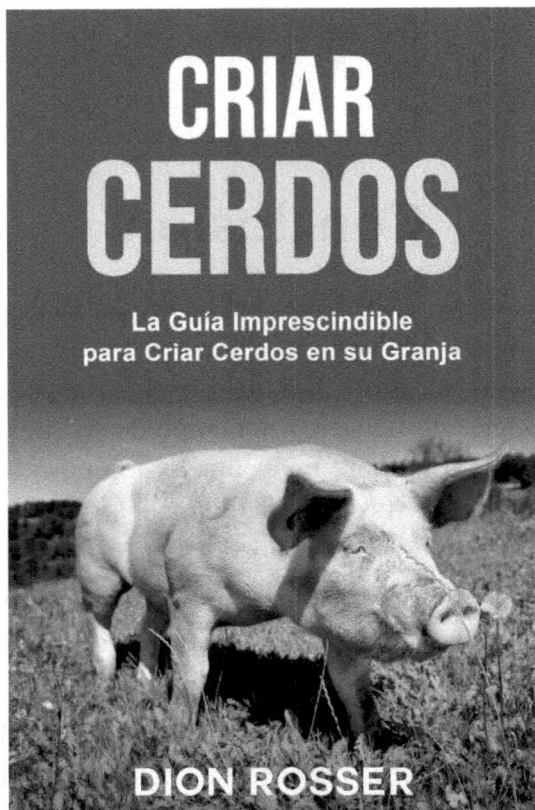

Referencias

Amaral-Phillips, D., Scharko, P., Johns, J., & Franklin, S. (n.d.). *Alimentación y manejo de terneros bebés desde el nacimiento hasta los 3 meses de edad.*

https://afs.ca.uky.edu/files/feeding_and_managing_baby_calves_from_birth_to_3_months_of_age.pdf

Comportamiento y manejo del ganado vacuno comprender el comportamiento para mejorar el manejo. (n.d.).

https://extension.msstate.edu/sites/default/files/publications/publications/p2801.pdf

Mejor alimento saludable para ganado vacuno. (n.d.). Cala flecha.

https://arrowquip.com/blog/animal-science/best-healthy-feed-beef-cattle

Blake, E. 'Skip'. (n.d.). *Psicología de las vacas. Lácteos progresivos.* https://www.progressivedairy.com/topics/herd-health/cow-psychology-handle-them-by-getting-into-their-heads

Razas de ganado vacuno | Razas | | de carne de res | ganadero Agricultura | Agricultura

Victoria. (2018). Vic.Gov.Au.

Candi Johns. (n.d.). *6 razones para criar su propia carne y cuánto tiempo se tarda - Farm Fresh For Life Blog - GRIT Magazine.* Arena. https://www.grit.com/animals/livestock/6-reasons-to-raise-your-own-meat-and-how-long-it-takes-zb0z1601

Razas ganaderas de Inglaterra. (n.d.). Beef2live.Com. https://beef2live.com/story-cattle-breeds-england-89-106430

Equipo de vivienda para ganado. (n.d.). En.Schauer-Agrotronic.Com. https://en.schauer-agrotronic.com/cattle/cattle-housing-systems

Limpieza de una vaca: Cómo limpiar una vaca (Guía para principiantes). (2018, 14 de marzo). GRANJA ROYS. https://www.roysfarm.com/cleaning-a-cow/

Las vacas y las vaquillas: el parto, mejor más tarde. (2017, 3 de mayo). Progreso de la granja. https://www.farmprogress.com/animal-health/cows-and-heifers-calve-better-later

Gadberry, S., Jennings, J., Ward, H., Beck, P., Kutz, B., & Troxel, T. (2016). *Producción de ganado vacuno de vacuno - MP184.* https://www.uaex.edu/publications/pdf/mp184/Chapter3.pdf

Instalaciones de manipulación para ganado vacuno. (n.d.). El sitio de la carne de res. Consultado el 5 de noviembre de 2020 de http://www.thebeefsite.com/articles/912/handling-facilities-for-beef-cattle/

https://www.facebook.com/CloverValleyBeef. (2016, 27 de septiembre). *27 Datos sorprendentes sobre vacas que impresionarán a tus amigos.* Carne de res Clover Meadows. http://www.clovermeadowsbeef.com/amazing-facts-about-cows/

Producción de leche en vacuno. (2017, 14 de marzo). Homestead en la Cordillera. https://homesteadontherange.com/2017/03/14/milk-production-in-beef-cattle/

Niman, N. H. (2014, 19 de diciembre). *En realidad, criar carne de res es bueno para el planeta. Wall Street Journal.*

https://www.wsj.com/articles/actually-raising-beef-is-good-for-the-planet-1419030738

Reproducción en ganado vacuno. (2019). Peda.Net.
https://peda.net/kenya/css/subjects/agriculture/form-3/lsab/ric

Siete consejos de crianza de ganado Ag Industry News - Directorio de granjas y ganado. (n.d.). Farmandlivestockdirectory.Com.
https://farmandlivestockdirectory.com/seven-fencing-tips-for-cattle/

Novillo Contra Toro. (n.d.). Animals.Mom.Com.
https://animals.mom.com/steer-vs-bull-3150.html

Diez consideraciones principales para la producción de carne de vacuno a pequeña

escala. (n.d.). *Sostenibilidad de pequeñas granjas.*

https://www.extension.iastate.edu/smallfarms/top-ten-considerations-small-scale-beef-production